AF247784

DES SUISSES.

LES SUISSES

APPRÉCIÉS PAR L'HISTOIRE,

OU

QUELQUES-UNES DE LEURS PERFIDIES, RÉVOLTES, REFUS DE COMBATTRE, etc., etc., etc., etc.

PAR M. RIVIÈRE, de Grenoble,

OFFICIER DE CAVALERIE LÉGÈRE EN NON ACTIVITÉ.

Point d'argent, point de Suisses.

SECONDE ÉDITION.

PARIS,

Au Naufragé de la Méduse,

CORRÉARD, Libraire, Palais-Royal, galerie de Bois, n° 258;
ALEX. EYMERY, Libraire, rue Mazarine, n° 30.
BRISSOT-THIVARS, Libraire, rue N°.-des-Petits-Pères, n° 3;

1819.

A MESSIEURS

MARCASSUS DE PUYMORIN, DE BONALD, PIET,

ET EN GÉNÉRAL

A MESSIEURS DU CÔTÉ DROIT.

~~~~~~

MESSIEURS,

Les armées de la révolution trouvent partout des historiens; toutes les presses gémissent, pour célébrer une prétendue gloire nationale à laquelle le vulgaire est sensible, mais que repoussent *les vrais amis de la monarchie*, et personne ne s'est présenté encore pour célébrer les hauts faits de ceux qui ont été proclamés à la tribune les meilleurs des Français (1). Je viens

____

(1) « .... Les Suisses ont ouvert leur territoire à » l'indépendance; ils l'ont fermé à l'oppression; de tout » temps ils ont été nos fidèles alliés; et plût à Dieu que » tous tant que nous sommes en France, nous fussions
~~~~~~

mettre fin à cet indigne silence, je viens acquitter la dette de la nation. Oui, Messieurs, s'il est indispensable pour que l'État prospère, que les prêtres, qui ont si souvent prêché l'anarchie, excommunié et déposé les rois, en soient considérés comme les véritables amis; s'il est indispensable que les gentilshommes, qui ont si souvent allumé la guerre civile et ébranlé le trône, en soient considérés comme les appuis les plus fermes, il ne l'est pas moins que les soldats suisses, malgré les perfidies et les révoltes continuelles que l'histoire leur reproche, soient considérés comme les

---

» aussi bons Français que ces braves et fidèles étrangers. »
(Discours de M. de Bonald, *Moniteur* du 6 avril 1818).

« Si *le dévouement et la fidélité* doivent animer cette » noble élite (la garde royale), les Suisses doivent y être » conservés. Nous avons plus d'un motif de ne pas nous » séparer d'eux. Il faudrait pour garantir nos frontières des » forteresses moins sûres que leur fidélité; et dans le cas » d'une attaque ennemie, on ne violerait pas leur terri-» toire, on craindrait de laisser les Suisses derrière soi. »
(*Moniteur* du 3 avril 1818.)

Voyez aussi le Discours de M. de Puymorin, *Moniteur* du même mois.

soldats les plus fidèles (1) dont un Prince puisse faire provision. Daignez donc, Messieurs, accueillir cet essai et en accepter la dédicace. Sans doute, je ne me suis pas élevé à la hauteur de mon sujet; mais j'ai du zèle à défaut de génie, et je vous prie de croire que ce n'est pas le dernier service que je rendrai à la noble cause dont vous êtes les glorieux soutiens.

Messieurs,

Votre tout dévoué serviteur,
RIVIÈRE.

---

(1) «La médaille de la fidélité pend à la boutonnière des »Suisses. » (Le comte de Sesmaisons, dans *le Conservateur.*)

LES SUISSES

APPRÉCIÉS PAR L'HISTOIRE.

Lorsque Louis XI conçut l'idée qu'adoptèrent les rois ses successeurs de soudoyer des régimens suisses, plusieurs circonstances pouvaient, sinon justifier, du moins excuser cette mesure. Les armées de ce temps-là se divisaient en deux corps seulement, cavalerie et infanterie; l'artillerie n'était point une arme séparée. La noblesse composait le premier de ces corps : ses préjugés lui défendaient de servir dans l'autre. Les fantassins ne pouvaient donc être que des *plebéiens* ou des étrangers. Sortis à peine de l'état de servage, les Français des classes inférieures n'avaient pas pris encore des idées et des sentimens dignes de leur condition nouvelle; ils ne connaissaient ni la patrie, ni la liberté. Lorsqu'un peuple en est là, son gouvernement peut ne voir que bien peu de différence entre les étrangers et les nationaux. On conçoit aussi que, dans un pareil état de choses, les sujets ne s'empressaient guère à venir se ranger sous les drapeaux du monarque; et, de son côté, le monarque était trop peu affermi, avait trop à craindre de la jalousie de ses grands vassaux pour oser lever forcément des troupes. Ce furent dans ces circonstances que les Suisses s'offrirent à Louis XI. Cette nation venait de secouer le joug de la maison d'Autriche, et, dans la lutte qu'elle avait soutenue, elle s'était acquise une réputation de bravoure. Avide et féroce, elle s'était signalée depuis par ses brigandages et ses cruautés. Ces motifs réunis décidèrent le roi-de France. Il fut bien aise d'acheter l'inaction d'un peuple qui massacrait ses prisonniers comme *sodomistes* (1), et d'avoir dans son armée des hommes qui passaient pour vaillans.

Telles sont les raisons qui ont pu jadis nous engager à accepter les services des Suisses. Aujourd'hui il n'en existe aucune. L'artillerie s'est perfectionnée, et l'infanterie a perdu de son influence. Devenus éclairés parce qu'ils étaient libres, les Français ont appris qu'ils avaient une patrie, et ont prouvé qu'ils savaient la défendre. Nous avons une loi de recrutement qui fournit à l'Etat les soldats dont il a besoin. D'un autre côté, les Suisses n'ont plus cet élan d'enthousiasme que leur avaient donné les premières idées

______

(1) *Voyez* Mézerai.

d'indépendance, et ils sont maintenant à nos troupes, ce que des mercenaires sont à des citoyens. Leur pays n'a plus d'importance, et leur neutralité ne vaut pas la peine d'être achetée. Ils ont montré d'ailleurs, en 1814 et en 1815, qu'ils pouvaient la violer. Je sais bien qu'il faut qu'ils se vendent, et que si la France les refuse, ils iront s'offrir ailleurs; mais, chez nos voisins comme chez nous, ils sont inférieurs aux troupes nationales, et nous devons désirer que nos ennemis nous les opposent. Il est donc évident que l'état des choses n'est plus le même, et que ce qui était autrefois nécessaire serait dangereux maintenant. On m'objectera peut-être que les soldats des cantons se sont plus d'une fois dévoués pour nous. En admettant que cela soit, ils en ont reçu la récompense, et je ne pense pas que la même dette doive être acquittée deux fois. Mais je veux qu'il en soit ainsi; je veux que la reconnaissance oblige une nation à perpétuité, et que nous soyons tenus de payer aux Suisses de nos jours ce que leurs pères ont fait pour les nôtres. Examinons, au moins, quelle est la nature et l'étendue de ces services; voyons en quoi des soldats stipendiés nous ont été utiles, quand toutes les armées en comptaient dans leurs rangs; cherchons enfin dans l'histoire quels furent les résultats du système des capitulations, lorsqu'il semblait devoir être le moins désavantageux pour nous.

Avant de se mettre à la solde des puissances

voisines, les Suisses avaient eux-mêmes des troupes qu'ils soudoyaient. Ils s'étaient affranchis de la tyrannie autrichienne; mais la noblesse, aussi patriote dans ces montagnes qu'elle l'est partout ailleurs, s'était unie à leurs ennemis. Ils furent obligés, pour la réduire, d'implorer l'assistance de Rodolphe, comte d'Hapsbourg; « et n'ayant pu, par ce moyen, dit Mézerai, contenir l'insolence des gentilshommes, ils prirent les armes eux-mêmes, et les chassèrent du pays. Ils (les nobles) y furent remis à quelque temps de là; mais comme ils ont souvent tenté, par leurs menées secrètes et par force ouverte, d'envahir la domination, et qu'ils se sont toujours alliés avec les ennemis publics, les Suisses les ont tellement rangés, qu'ils n'ont plus ni autorité ni voix dans la république. »

Les guerres que les cantons eurent à soutenir contre le duc de Bourgogne les obligèrent de recourir à Louis xi. Ce prince les aida, et fit alliance avec eux. Pour leur donner une marque de sa *charité* (1), il s'engagea à leur payer 20,000 livres tous les ans, et prit à sa solde quelques-unes de leurs bandes.

Charles viii, qui succéda à ce prince, leur accorda les mêmes secours et la même protection. Après les revers dont la conquête de Naples fut

---

(1) Terme du Traité.

suivie, il envoya chez eux Antoine de Bassei, bailli de Dijon, pour y faire des recrues. Toute la Suisse est aussitôt en rumeur; l'espoir de piller la Lombardie enflamme la nation entière ; les vieillards eux-mêmes veulent prendre les armes; les femmes, les enfans : « tout serait accouru, dit un historien, si on n'eût pris le parti de leur fermer l'entrée du Piémont. » Après la bataille de Fornoue, où ces mercenaires avaient rendu des services, l'armée française se mit en marche pour dégager la garnison de Novarre, réduite aux dernières extrémités. Les assiégeans étaient nombreux, nos troupes épuisées, et il y aurait eu de la témérité à livrer bataille. En conséquence, des négociations avaient été ouvertes ; elles étaient sur le point d'être terminées lorsque le secours parut. Les Suisses, que l'espérance du butin avait seule fait sortir de leurs montagnes, demandèrent aussitôt qu'elles fussent rompues. Ils ne purent l'obtenir, et le traité fut signé. Mais à peine la nouvelle s'en fut-elle répandue, que, transportés de colère de voir échapper la riche proie qu'ils s'étaient promise, ils s'attroupent en tumulte pour aviser au parti qu'ils avaient à prendre. Les uns voulaient se saisir de la personne du roi et de tous les seigneurs de l'armée, les emmener en Suisse, et les tenir prisonniers jusqu'à ce qu'ils eussent payé une rançon. D'autres proposaient seulement d'exiger trois mois de solde, alléguant un prétendu traité, par lequel la France s'était engagée à leur compter cette solde toutes les fois qu'ils sortiraient de chez eux enseignes déployées. Cette idée ne fut point accueillie; on la trouva trop modérée. Les mutins se portèrent en foule aux hôtels occupés par le bailli de Dijon et quelques autres généraux dont ils s'assurèrent. Ils s'introduisirent en même temps dans la ville de Verceil, où était le quartier du roi. Averti du danger qu'il courait, ce prince s'échappa à la hâte, et se retira précipitamment à Trin. Les Suisses s'emparèrent des équipages, qu'il n'avait pu enlever avec la même promptitude, et pour les ravoir, il fut obligé de composer avec eux.

Cette déloyauté et l'humiliation d'un monarque réduit à se soustraire, par la fuite, aux excès d'une soldatesque emportée, ne rendirent pas son successeur plus sage. Les Suisses furent conservés.

Louis xii, à peine sur le trône, porta ses armes en Italie : le Milanais fut conquis, et Ludovic Sforce détrôné. Mais ce prince, apprenant bientôt la division des généraux français, et la haine que les Italiens avaient conçue pour les séducteurs de leurs femmes, reprit courage et assembla des soldats. Il crut qu'ayant sauvé sa caisse, il pouvait compter sur les Suisses. En conséquence il se rendit chez eux. L'ambassadeur de Louis xii, Babaudanges, instruit de l'arrivée de Ludovic, voulut empêcher les levées qu'il

venait faire. Mais son opposition n'eut d'autre résultat que de rendre les conditions du marché
plus avantageuses aux cantons. Par l'effet de la
concurrence, la denrée suisse augmenta de prix.
Sforce avait de l'or; il le fit briller, aux yeux de
ces hommes avides, et ils accordèrent, au mépris
des engagemens contraptés avec la France, non-
seulement la permission de lever des troupes, mais
encore la liberté du passage sur toute l'étendue
de leur territoire. On dit que cette nation a con-
servé les mœurs de ses aïeux; les événemens de 1814
et de 1815 prouvent en effet qu'elles ne se sont pas
démenties. Mais revenons; Sforce avait fait briller
son or, en un moment il eut 30,000 hommes. Il
rentre aussitôt en Italie, et s'avance à la tête de
ces forces imposantes, contre une poignée d'ennemis, qu'affaiblissaient encore les jalousies de
leurs chefs. Ses succès furent rapides. Toutes les
places fortes se soumirent à lui. Dès que les
Suisses s'aperçurent que la fortune nous aban-
donnait, ils firent comme elle. Un corps considérable de ces mercenaires faisait partie des troupes
commandées par d'Alègre. Après avoir vaillamment défendu, pendant quinze jours, la place de
Novarre, assiégée par Ludovic, ce général fut
obligé de capituler. Il le fit, mais sous la condition qu'il pourrait librement approvisionner la
citadelle, et s'y retirer avec la garnison. Les Suisses, dont elle était presque totalement composée, refusèrent de le suivre; et, joignant la perfi-

dic à la lâcheté, passèrent au service des assiégeans.

Sur ces entrefaites, La Trimouille et le bailli
de Dijon arrivèrent, conduisant, l'un, 500 lances
et 4000 Gascons, l'autre, 10,000 de ces mêmes
Suisses, accoutumés à prendre de toutes mains,
et à se donner au plus offrant. Ces deux chefs re-
cueillirent ceux des Français qui n'avaient pas
succombé sous le fer des transfuges, et manœuvrèrent avec tant d'habileté, qu'ils fermèrent à
Sforce le chemin de la retraite. Toujours grands
serviteurs des circonstances, les Suisses, chan-
gèrent encore avec elles. Il est tout simple, en
effet, que des gens qui se vendent, cherchent à
gagner leur argent le plus commodément possible. Ils firent des ouvertures à ceux de leurs
compatriotes qui suivaient nos drapeaux : elles
furent accueillies. S'étant aperçu de ces intelligences, Ludovic s'efforça de les rompre. Il assembla ses principaux officiers; à force de sollicita-
tions, il obtint d'eux, qu'on livrerait une bataille.
Il sort de ses lignes : mais à peine la charge se fait-
elle entendre, que les Suisses lâchent pied. Afin
qu'on ne me soupçonne pas d'imaginer des dé-
tails pour rendre leur conduite plus odieuse, je
laisse parler Mézerai : « La cavalerie, conduite par
Vaudrey, s'étant aperçue de cette déroute, se mit
en fuite au grand galop, et après elle l'infanterie
italienne, qui fut vigoureusement poursuivie et
fort mal menée par la cavalerie française. Ludo-

vic étant ainsi honteusement rechassé dans Novarre, les Suisses se mutinèrent ouvertèment, sous
couleur de demander *leurs monstres*, courant,
les uns aux portes pour s'en saisir, les autres à son
logis, avec des cris et des menaces épouvantables.
Il sort au bruit, et se présente dans la place avec
quelques-uns des siens, non plus avec une autorité de général et une majesté de prince, mais
humilié et suppliant. Il s'abaisse devant les uns et
les autres, spécialement devant les chefs, leur
promettant toute satisfaction; leur fait distribuer
sa vaisselle d'argent pour les apaiser; leur remet
en mémoire l'ancienne confédération des ducs
de Milan avec leurs ligues; la fidélité tant estimée
de leur nation; la confiance qu'il a en eux, de
s'être mis lui et son État entre leurs mains; les
conjure qu'ils ne l'abandonnent point en ce péril, où il ne s'était engagé que sur l'assurance de
leur vertu; qu'ils ne mettent point cette tache à
leur réputation; que, si sa personne ne leur est
pas assez considérable, ils aient, au moins, quelque soin de leur honneur, lequel ils ont engagé à
le conserver. Il tâchait, par ces remontrances et
autres soumissions que la détresse lui suggérait,
de les mouvoir à pitié; mais ces barbares crient
qu'ils veulent retourner chez eux. Comme il les
voit donc endurcis à son malheur, il les supplie,
les larmes aux yeux, de le reconduire seulement
en lieu de sûreté, puisqu'ils ont résolu de ne plus

le défendre. Mais ils s'en excusent de rechef; disent qu'ils ont promis aux capitaines français de ne le point emmener. Toutefois ils consentent, s'il le veut faire, qu'il se mêle parmi eux, prenant l'habillement d'un de leurs gens de pied. N'osant se fier à ceux qui déjà l'avaient trahi, il estime plus honorable de se rendre entre les mains des Français avec honorable composition, que d'être livré par les siens. Mais les Suisses ayant découvert qu'il traitait avec le comte de Ligny pour cela, l'arrêtèrent avec eux, afin d'avoir le profit de cette vente. Ils avertirent donc les chefs français qu'ils l'emmèneraient travesti dans leurs troupes. Les Français, pour mieux couvrir le jeu, mirent leurs gens en haie à droite et à gauche, depuis les portes de Novarre jusque dans leur camp; tellement que, le 10 avril, toutes les compagnies suisses passant nécessairement devant eux, ils découvrirent le malheureux déguisé de cet habit étranger. Il fut incontinent conduit au château de Novarre. Les Français détestèrent la lâcheté et la perfidie brutale des Suisses, qui, pour livrer leur allié et leur chef à l'appétit d'un peu d'argent, avaient souffert de passer entre les piques, et de faire, en quelque façon, amende honorable. »

La defaite et la captivité de Ludovic entraînèrent la soumission du Milanais; tout rentra sous l'obéissance du vainqueur. Enflés de la part qu'ils avaient eue à ces événemens, les Suisses

ne rougirent pas de demander un salaire propor-
tionné aux honteux services qu'ils avaient rendus.

Mais Louis, qui les méprisait dans son cœur,
repoussa hautement leurs prétentions, et annonça
le dessein de s'en tenir aux termes des traités.
Cette résolution les met en fureur, ils brisent les
portes des trésoriers, saisissent le bailli de Dijon
par les cheveux, le foulent aux pieds, et l'allaient
mettre en pièces, s'il n'eût été promptement se-
couru. Pour apaiser ces forcenés, on prodigua
l'argent; mais ce moyen, lui-même, ne put pas
les calmer, indignés de voir qu'on avait eu l'idée
de laisser leurs trahisons sans récompense; pour
s'en venger, ils forment le projet d'en commettre
de nouvelles. Ils poursuivent leur route, sans laisser soupçonner le dessein qu'ils méditent. Arrivés à Bellinzone, ils se présentent comme auxiliaires, et, à ce titre, ils sont introduits dans la
place. Mais à peine y sont-ils entrés, qu'ils s'en
emparent, et font signifier à Louis xii qu'ils ne
lui rendront cette importante forteresse, que
lorsqu'ils auront touché des sommes qu'ils pré-
tendent leur être dues.

- Récapitulons la conduite des Suisses dans cette
campagne. En renouvelant le traité d'alliance avec
Louis xii, non-seulement ils l'avaient reconnu
pour duc de Milan, mais ils s'étaient obligés par
serment à ne plus entretenir de liaisons avec ses
ennemis, et notamment avec Ludovic. Ils s'étaient
engagés à ne fournir à celui-ci aucun secours, à

ne souffrir qu'aucune armée passât sur leurs terres pour venir attaquer les possessions françaises en Italie. Cependant à peine Sforce se présente-t-il, que loin d'entraver sa marche, ils lui accordent les levées qu'il demande.

A cette première infraction, ils en joignent une autre plus odieuse encore. Quatre mille d'entre eux, jugeant que tout était perdu pour nous, abandonnent nos troupes, et se joignent à nos ennemis. Des renforts passent les monts, et viennent grossir notre armée? Ces mercenaires quittent aussitôt le prince qui les avait si chèrement achetés, et le livrent à ceux-mêmes contre lesquels ils avaient juré de le défendre.

Fiers de leur trahison, ils en réclament hautement le salaire, et dans le dépit de se voir frustrés d'une partie de leurs espérances, ils se portent à un nouvel attentat.

Dans cet état de choses l'alliance qu'ils avaient contractée avec Louis XII subsistait toujours; ils touchaient exactement les pensions promises, et loin de manifester aucun signe de mécontentement, ils nous pressaient de recevoir des recrues. Mais, en même temps, ils refusaient toute satisfaction au sujet de Bellinzone. Ils avaient reconnu les facilités que donne cette forteresse pour faire des incursions en Italie, et ne voulaient s'en dessaisir à aucune condition. Cette idée les séduit, ils forment le projet de l'expédition la plus déloyale qui ait jamais été tentée. Nourris par la

France, en pleine paix avec elle, ils font une irruption soudaine dans le Milanais, pillent, rui-
nent tous les villages, et se dirigent ensuite sur la
forteresse de Lugan, dans l'espérance de la surprendre.

Etonné de cette brusque attaque, le cardinal
d'Amboise, lève à la hâte quelques troupes, et va
mettre un terme aux brigandages de ces avides
montagnards.

Les trahisons des Suisses avaient failli causer
la perte de l'Italie, et consommer la ruine de
l'armée française. Aussi tous nos généraux, lassés
de l'exigence et des caprices de cette soldatesque
sans foi, demandaient qu'elle fût expulsée de
nos rangs. Le maréchal de Gié insista sur la nécessité de créer une infanterie nationale, et de se
passer du secours dangereux de ces mercenaires.
Il représenta qu'on se flatterait vainement d'obtenir des succès durables tant qu'on n'aurait pas
de bonnes troupes de pied, et qu'on abandonne-
rait aux capitaines le soin d'assembler au commencement d'une campagne, quelques centaines
de vagabonds qu'on licenciait à l'entrée de l'hi-
ver; que le seul moyen de faire des soldats était
de les tenir attachés au drapeau, de les exercer
continuellement, et de les former sur le modèle
des compagnies d'ordonnances. Malheureusement
ce projet exigeait un surcroît de dépense, et le
monarque ne put se résoudre à augmenter les
impôts. Le maréchal proposa de licencier quel-

ques compagnies de cavalerie, et d'employer les sommes qu'elles coûtaient à l'entretien d'un corps d'infanterie toujours subsistant. Cette demande révolta la noblesse; elle regarda comme un outrage qu'on prétendît lui associer dans la carrière des armes, des hommes obscurs, nés pour les travaux champêtres, ou les professions viles, et dépourvus de ce courage et de cet honneur qui sont l'apanage des seuls gentilshommes. Gié voyant la ligue formidable qui s'élevait contre lui, et craignant de succomber enfin sous les efforts de ceux dont il blessait l'orgueil ou les intérêts, abandonna l'idée d'une réforme qui ne pouvait lui attirer que traverses et disgraces. Ainsi, les préjugés, l'avarice et les jalousies nobiliaires firent échouer le projet d'une institution éminemment utile, et dont nos dernières campagnes avaient démontré l'indispensable nécessité.

Pendant qu'on délibérait sur les moyens de s'affranchir des Suisses, ce peuple avide se préparait à une nouvelle irruption dans le Milanais. Excités par les intrigues de Ferdinand et de Maximilien, qui avaient déjà soulevé l'Italie, ils vinrent au nombre de 15,000 combattans assaillir les forteresses de Locarna et de la Murata, qui défendent le duché du côté du lac Majeur. Cette agression imprévue causa la perte du royaume de Naples et de l'armée française qui en avait fait la conquête. Trahie par les alliés, pressée par Gonzalve, elle attendait impatiemment des renforts. La déloyauté des Suisses empêcha de les lui envoyer. Les troupes déjà en marche furent rappelées pour s'opposer à ces nouveaux ennemis. Chaumont les posta sur les bords du lac. N'osant s'engager avec de la cavalerie dans les défilés où les Helvétiens s'étaient établis, il s'attacha à couler toutes les barques qui leur portaient des vivres, convaincu que la famine les forcerait bientôt à descendre dans la plaine, où il les combattrait avec avantage, ou à reprendre honteusement le chemin de leur patrie. Ce moyen réussit : des compagnies entières, pressées par la disette, abandonnèrent le siége; le reste allait suivre cet exemple, si Louis, songeant que les troupes helvétiques sont toujours au plus offrant, n'eût conçu le dessein de les acheter, et de tourner leurs armes contre les puissances mêmes qui les soudoyaient. Il traita avec eux, et leur fit une cession absolue de Bellinzone. Mais il ne tarda pas à acquérir la conviction que ces mercenaires ne méritaient aucune confiance. L'Italie était de nouveau en feu, et Gênes en insurrection. Le roi de France se disposait à s'y rendre en personne. En vertu des traités d'alliance, les Suisses devaient lui former 10,000 hommes d'infanterie; ils les accordèrent; mais ils mirent tant de lenteur à les équiper, et ceux-ci tant d'exigence à se faire payer leur *montre*, que la marche de l'armée fut longtemps suspendue. Ils se partagèrent en deux troupes, et cette division fut une nouvelle source de délais. A chaque instant, la première voulait attendre la seconde; elle finit par refuser ouvertement de passer outre. Le roi, indigné, faillit les faire tailler en pièces. Il se contint, cependant, mais il ne put vaincre l'opiniâtreté des mutins, et fut obligé d'invoquer l'autorité des cantons. Ces contrariétés donnèrent au chef des insurgés le temps de préparer de vastes moyens de défense. Il fortifia les hauteurs, s'empara des gorges, et mit des garnisons nombreuses dans les forts. Dès que l'armée française eut triomphé de l'indocilité des Suisses, elle franchit les Alpes. Aussitôt qu'elle aperçut l'ennemi, elle fondit avec impétuosité sur ses colonnes, celles-ci plièrent. La Palisse, avec trois mille hommes de pied et une centaine de gendarmes, les poursuivit sans relâche. Déja il avait escaladé une partie de la montagne, lorsque le reste de l'avant-garde brûlant d'impatience de partager l'honneur de cette journée, sollicita avec tant d'instance la permission de combattre, que Chaumont ne put la refuser. Mais bientôt, alarmé du péril que couraient ces braves soldats, il ordonna a 5,000 Suisses de les soutenir. Loin de témoigner cette ardeur martiale dont les Français leur donnaient un si noble exemple, ceux-ci refusèrent de marcher, prétendant qu'ils étaient venus pour se mesurer en rase campagne, et non pour gravir des rochers. Chaumont, plein de mépris, ne réplique point, et donne la commission qui les effraic à quelques capitaines d'aventuriers

français, qui l'acceptent avec transport. Les Helvétiens eurent enfin honte de leur lâcheté, et
s'ébranlèrent. Mais qu'est-ce que des troupes
qui méconnaissent la voix du général au milieu
d'une action, et qui ne se battent que parce que
l'exemple les entraîne?

Quelque irrité que fût Louis de la révolte des
Génois, il ne voulut pas les abandonner à la brutalité des Suisses. L'avidité et l'indiscipline de
ceux-ci étaient tellement connues qu'on ne vit
d'autre moyen de sauver la ville que d'en inter-
dire l'entrée à des hommes qui entreprenaient la
guerre par spéculation. Pour ne pas néanmoins
frustrer tout-à-fait leur avarice du butin qu'ils s'é-
taient promis, il leur fit jeter par-dessus les murailles
les armes des citoyens. Ce faible dédommagement
irrita leur convoitise, au lieu de la satisfaire. Depuis long - temps, suivant la remarque de Garnier, ils s'étaient accoutumés à regarder les dé-
pouilles des places conquises et la fortune des
paysans comme leur propriété. Les soumettre au
frein de la discipline, c'était les priver de leurs
droits; les empêcher de piller, c'était leur faire
une injustice. Déjà des murmures ils passaient
aux menaces, et tout annonçait une sédition. Le
roi, pour les calmer, les envoya à Alexandrie,
qu'il voulait punir d'une perfidie récente. Ils le
vengèrent si bien, que tous les habitans prirent
la fuite. Leur misère excita la compassion du
monarque outragé; il rappela les Suisses, et les

renvoya chez eux. Ils y rentrèrent, mais pleins de ressentimens contre lui. Un de leurs compatriotes jouait alors un rôle considérable dans ces montagnes. Mathieu Schinner, homme d'intrigue et d'argent, parvenu aux dignités ecclésiastiques, s'était offert à Louis XII. Refusé pour s'être mis à trop haut prix, il avait vivement ressenti cette injure, et avait vendu ses cabales au pape et à Maximilien.

Il n'eut pas de peine à obtenir des recrues pour ces princes. Les cantons s'allièrent avec l'ennemi qui les eût accablés sans nous, pour détruire la France qui les avait sauvés; et, couvrant leur perfidie d'un vain subterfuge, ils stipulèrent que leurs troupes ne seraient pas employées contre les Français, comme si Maximilien, qui se disposait à envahir le Milanais, les eût soldés, pour être d'inutiles spectateurs des batailles qui s'allaient livrer. Ils se flattèrent néanmoins que le confiant Louis XII prendrait le change. Ils prétendirent qu'étant obligés par les anciennes constitutions d'assister l'empereur lorsqu'il allait recevoir la couronne impériale, ils n'avaient pu se dispenser de lui accorder des levées d'hommes; mais que la précaution qu'ils avaient prise les rendait peu dangereuses, dans le cas où ce prince aurait de mauvais desseins sur la Lombardie. Cette duplicité n'inspira que du mépris au monarque français. Il répondit froidement qu'il ne s'était jamais informé des obligations que leur imposaient les anciennes constitutions ; mais qu'il lui paraissait étrange qu'ayant rompu tous les liens qui les unissaient au corps germanique lorsqu'il s'était agi de leurs intérêts, ils se montrassent si scrupuleux quand il était question de ceux de leurs alliés. Il ajouta, que les ayant secourus contre Maximilien dans une guerre absolument étrangère à la France, et que leur payant encore des pensions considérables pour les aider à subsister, il s'était attendu à quelque reconnaissance ; que cependant il ne prétendait point les retenir dans son alliance, s'ils trouvaient de plus grands avantages dans celle de ses ennemis ; qu'il pourrait, à son tour, quand il le jugerait convenable, lever en Allemagne des lansquenets, qui le serviraient fidèlement et à meilleur marché que les Suisses ; qu'ils eussent donc à opter promptement, et à lui faire savoir la résolution qu'ils auraient prise. Les députés se retirèrent fort mortifiés de cette réponse ; mais Maximilien avait la réputation d'être peu riche : il dissipait en folles dépenses l'argent qu'il retirait de ses sujets. Ces réflexions l'emportèrent sur le dépit, et retinrent les Suisses à notre solde. Mais à l'expiration de l'alliance, excités par Schinner qui accusait l'ingratitude de la France et vantait la libéralité du pape, ils demandèrent des récompenses pour le passé, et une augmentation de pension pour l'avenir. Louis, choqué de la demande et du ton dont elle était faite, perdit patience. Il leur déclara qu'il

ne concevait pas sur quel fondement de misérables montagnards osaient le regarder comme
leur caissier ou leur tributaire. Après quoi il les
congédia.

L'alliance rompue, les Suisses prirent parti dans
les armées de Maximilien. Ils étaient nos ennemis, ils nous combattaient; leur histoire, pendant
cette période, n'appartient point au sujet qui
m'occupe. Je passe en conséquence aux négociations qui s'ouvrirent entre eux et François Ier. Ce
prince ayant pénétré en Italie par le col d'Argen-
tières, déboucha dans le marquisat de Saluces
avant que les ennemis soupçonnassent qu'il se fût
mis en marche. Les Helvétiens gardaient les défilés de Suze et de Coni, et se flattaient de nous
arrêter au passage; mais ayant reçu la nouvelle
que non-seulement les monts étaient franchis,
mais que la cavalerie même du saint-siége était
défaite, ils abandonnent leurs positions et se retirent à la hâte sur Milan. Les fatigues, le manque
de vin et de bonne chère leur deviennent bientôt insupportables et engendrent la discorde. Ils
s'accusent mutuellement de trahison; chacun
juge de son voisin par lui-même, ne doute
pas de la perfidie, si elle a été mise à prix d'argent. Le cardinal de Sion accuse, en présence
de tous les convives réunis à sa table, Albert de
la Pierre, premier officier du canton de Berne,
d'avoir eu des intelligences avec les Français et de
n'avoir pas ignoré les mouvemens qu'ils faisaient

dans les montagnes. Celui-ci répond à des re-
proches aussi humilians par des accusations non
moins honteuses. On s'échauffe de part et d'autre:
et le prêtre, plus artificieux que le soldat, réussit
à faire arrêter son adversaire. Celui-ci ne tarde
pas à tirer vengeance de cet outrage. Mis en liberté le lendemain, il se présente avec son régiment pour faire *montre*. Schinner, dépourvu de
fonds, cherche à l'adoucir; il s'abaisse, il supplie,
mais en vain. Le général en soutane est obligé
de chercher son salut dans la fuite. De là les
Suisses se portent tous ensemble à la tente du
trésorier du souverain pontife, pillent sa caisse
et l'accablent d'outrages. Bayard, instruit de ces
dissensions, voulait en profiter pour tailler en
pièces les Helvétiens. Le roi craignit une victoire
remportée par son lieutenant, et lui défendit de
combattre; la cavalerie légère n'eut pas même la
liberté de harceler les fuyards. Au lieu de les
détruire, on se mit à négocier. Les Suisses tirèrent
habilement parti des dispositions du monarque:
Ils lui représentent qu'ils ne désirent rien tant
que de renouer l'alliance qui avait autrefois uni
les cantons à la France, et offrent d'ouvrir les
négociations à Novarre, si on permet qu'ils se retirent sans être inquiétés. Assez crédule pour
ajouter foi aux protestations d'une armée qui
craignait à chaque instant d'être anéantie, il accorde une suspension d'armes. Les ennemis se
mettent aussitôt en mouvement et s'avancent à

marches forcées au-devant d'un grand corps de troupes qui venait à leur secours.

En même temps qu'ils profitent de cette imprudente suspension d'armes, ils la violent d'une manière révoltante et dévastent tout sur leur passage. Ils pillent également Chivas qui refuse de les recevoir et Verceil qui leur ouvre ses portes. Arrivés à Novarre, ils se moquent des promesses qu'ils ont faites et se répandent en railleries indécentes sur la simplicité du prince. La discorde éclate de nouveau parmi ces mercenaires, et faillit avoir les suites les plus fâcheuses. Le butin avait réveillé leur cupidité, ils étaient devenus insatiables. Le cardinal de Sion assailli par ces furieux, sans pouvoir les satisfaire, courut les plus grands dangers. Il ne parvint qu'avec peine à se soustraire à leur brutalité et à se retirer dans la citadelle. Ayant perdu l'espoir d'obtenir les *montres* qu'ils espéraient extorquer au prêtre, les troupes se divisèrent. Une partie reprit le chemin des montagnes; l'autre, calmée par les promesses et les libéralités de Schinner, qui, dans l'intervalle de quinze jours, avait deux fois failli perdre la vie, se dirigea sur Plaisance, pour se joindre à l'armée du pape. Aimard de Prie venait de débarquer à Gênes avec quelques renforts qu'il amenait de France. A la nouvelle des dégâts commis par les Suisses, il s'était mis à la tête de 4 à 5ooo soldats commandés par Octavien Fregose. Avec ces forces il occupait Alexandrie, Tortone et toute la partie du duché

de Milan qui est en-deçà du Pô. Les troupes des
cantons ne pouvaient tenter le passage du fleuve
sans essuyer une défaite. Elles eussent été réduites
ou à mettre bas les armes ou à mourir de faim,
si la jalousie de François ne les eût sauvées. Il
leur envoya des passeports, et ravit ainsi au
vaillant de Pric la gloire de les détruire. Il défendit même à ses généraux de traverser la jonction
qu'elles allaient faire avec un corps de 20,000
Helvétiens qui n'était plus qu'à peu de distance.
Cette jonction s'effectue. Alors, se trouvant réunis
au nombre de 45,000, ils ne songent plus qu'aux
moyens de surpendre un prince dont la géné-
rosité irréfléchie les avait préservés d'une ruine
totale. Pour mieux colorer le piége, ils négocient
et envoient des députés à Verceil. Ceux-ci font les
demandes les plus déraisonnables; néanmoins le
roi les accepte. Il ne s'agit plus que de soumettre
le traité à la sanction des conseils helvétiques.
Les conditions étaient si avantageuses, qu'elles
triomphèrent de leur aversion pour la France, et
furent acceptées. Enhardis néanmoins par la facilité du monarque, ils songèrent à les rendre plus
lucratives encore, et appuyèrent leurs prétentions
par des levées considerables. François, aussi pro-
digue d'argent que les Suisses en étaient avides,
et charmé d'ailleurs d'abattre ses ennemis par
l'avarice des troupes qu'ils employaient, accorda
les sommes exigées pour cette nouvelle infamie.
La caisse n'ayant pu suffire, il emprunta l'or et la

vaisselle de ses généraux. Lautrec fut chargé de conduire ce riche tribut à Biagras, où la remise devait en être faite aux soldats des cantons. Ceux-ci, non contens de la perfidie dont ils s'étaient rendus coupables envers les deux souverains dont ils touchaient la solde, en méditaient une nouvelle.

La convention avait banni toute défiance du camp français ; nos troupes négligeaient les précautions d'usage en présence de l'ennemi. Cette sécurité inspire aux Suisses le dessein de s'emparer des trésors auxquels ils s'acrifiaient la foi militaire, et d'attaquer l'armée française à l'improviste. Le cardinal de Sion les excite, il fait usage d'une éloquence vraiment nationale ; il leur représente qu'ils ont peu de risques à courir et un *gain inestimable* à faire, qu'ils *gagneront bien de l'argent* et feront prisonnier *le plus riche* roi de l'Europe avec toute sa cour. Au moment où il les enflamme par des motifs si puissans, arrivent la plupart des capitaines à demi-ivres et enflammés de colère. Voici à quel sujet. Fleuranges avait appris par ses espions les projets des Suisses ; il avait su de la même manière l'invitation qu'ils avaient reçue du bâtard de Savoie pour aller se rafraîchir à Turin. Il résolut de profiter de cette circonstance et de les enlever. Quelques soldats déguisés pénètrent dans la ville et se portent à l'hôtel où les convives sont réunis. Ils les trouvent plongés dans

le sommeil et le vin; ils s'en emparent et les con-
duisent au camp. Le roi les fait mettre en liberté.
Mais loin d'être touchés d'une action si généreuse, ils ne respirent que vengeance, et cou-
rent se mettre à la tête de leurs soldats. Ils sortent de Milan, et s'avancent en silence; le seul
cor argenté, si fameux dans les montagnes d'Uri,
sonne par intervalles. Ils avaient dessein de s'emparer du convoi de Biagras, de tourner leurs premiers efforts contre l'artillerie, de s'en servir ensuite pour foudroyer l'armée si elle essayait de
se mettre en défense. Peut-être ils eussent réussi,
si la Trémouille et Fleuranges, conduits par le
hasard, ne les eussent aperçus, et n'eussent
donné l'alarme. Le roi forme à la hâte sa ligne
de bataille, et les reçoit sans s'ébranler. L'action fut longue et meurtrière; mais enfin la
victoire se décida pour nous, et la défaite de
Marignan couvrit les Suisses d'un double op-
probre.

Quoiqu'ils eussent été taillés en pièces, François consentit à reprendre les négociations. Convaincu que l'argent était l'unique passion de ce
peuple, qu'il lui en fallait à tout prix; il aima
mieux le lancer sur ses ennemis, au moyen de
quelques subsides, que d'épuiser ses finances à le
combattre. En conséquence, une nouvelle alliance
fut contractée.

Maximilien, abandonné par ses troupes, n'op-
posa plus qu'une faible résistance. L'Italie entière

fut conquise et pacifiée. Le vainqueur, trompé par les artifices du pape, repasse les monts, et ne laisse que des forces insuffisantes pour la garde du Milanais. Le souverain pontife souffle aussitôt le feu de la révolte, et l'empereur se dispose à recommencer la guerre. Ce monarque fit ses préparatifs avec tant de diligence, qu'il avait déjà franchi les montagnes du Tirol avant que les Français fussent instruits qu'il armait contre eux. La proximité du danger et la distance des lieux ne permettait pas de tirer des secours de France. On fit des levées en Suisse. Mais plus Maximilien pressait son invasion, plus celles-ci ralentissaient leur marche; enfin, elles la suspendirent tout-à-fait Lautrec, après avoir vaillamment disputé aux troupes impériales le passage des rivières, s'était retiré sous les murs de Milan, et se préparait à le défendre. Il sollicita, tant en son nom qu'en celui du connétable, les Helvétiens de venir le joindre. Quand ils virent qu'au lieu des rapines qu'ils avaient coutume de commettre en rase campagne, il fallait s'enfermer dans une place qui n'offrait aucune espérance de butin, ils entrèrent dans une fureur inexprimable, et faillirent mettre en pièces les officiers qui leur avaient apporté de telles dépêches. Ils se plaignirent qu'on les menait à la boucherie, et qu'exposés aux coups des ennemis, ils n'auraient ni vin ni bonne chère pour se dédommager de leurs fatigues. Ce ne fut qu'avec des peines infinies qu'on parvint à les calmer, et à obtenir qu'ils envoyassent reconnaître l'état des munitions de bouche. Convaincus enfin, par le rapport de leurs commissaires, qu'ils trouveraient dans la place des vivres en abondance, ils y entrent. Des conférences furent sur-le-champ établies entre eux et ceux de leurs compatriotes qui combattaient dans l'armée alliée. Les généraux en conçurent, de part et d'autre, de vives inquiétudes; mais, comme à Novarre, le bon génie de la France l'emporta. Staffer, qui commandait quinze mille de ces stipendiés, se rendit à la tente de Maximilien, et lui demanda de l'argent en termes si peu respectueux, que le monarque ne put retenir son indignation. Le mercenaire n'en devint que plus audacieux; il répartit fièrement, que les Suisses avaient besoin de *florins*, et non de réprimandes; que s'il ne touchait pas sur-le-champ une *montre*, ils accepteraient celle qui leur était *offerte* par le connétable.

L'empereur pâlit à ces paroles; il sentit la faute qu'il avait faite, en se confiant à des hommes sans foi, et assez impudens pour lui dire en face qu'ils étaient en pourparler avec ses ennemis. La crainte du misérable sort de Ludovic Sforce, que ces mêmes Suisses avaient livré aux Français, abattit son courage. Il descendit jusqu'aux prières pour apaiser Staffer. Voyant qu'au lieu de s'adoucir, cet Helvétien devenait de plus en plus intraitable, il le renvoya dans son quartier, avec promesse de s'y rendre lui-même dans quelques

instans, et de lui donner satisfaction. Mais à peine
fut-il libre, qu'il se réfugia au milieu des Allemands. « Il eut, dit Garnier, une telle frayeur
que les Suisses, pour se procurer d'immenses
récompenses, n'attentassent à sa liberté, qu'il se
crut à peine en sûreté dans son camp. » Si l'on
en croit Varillas, il leva précipitamment le siége,
et se retira avec les troupes nationales sur les
bords de l'Adda. Les mercenaires, pour se dédommager de la ,perte qu'ils avaient faite en
laissant échapper leur proie, se jetèrent sur
Lodi et Saint-Ange, qu'ils livrèrent au plus affreux pillage. Ils étaient chargés de butin, et
se disposaient à reprendre la route de leurs
montagnes, lorsque le cardinal de Sion apporta
seize mille écus, que la crainte des ravages helvétiques avait arrachés au territoire de Bergame.
Il en promit encore vingt-cinq mille, que l'Espagne avait déposés à Trente. Les soldats des cantons, alléchés par cette espérance, consentirent
à tout ce qu'il exigea d'eux. Mais les sommes dont
on les avait flattés n'arrivant pas assez vite au gré
de leur impatience, ils suspendirent leur marche,
et protestèrent qu'ils ne reprendraient le siége de
Milan qu'après qu'ils auraient été satisfaits.

L'empereur s'était dessaisi de son argent, et
n'avait pas assouvi l'avarice helvétique; il ne savait quel parti prendre. On n'arrachait de contri-
butions aux villes d'Italie qu'en les menaçant de
la rapacité des Suisses; mais, informés qu'ils

avaient pris la résolution de ne faire aucun mouvement qu'ils n'eussent obtenu des *montres* considérables, elles ne voulurent consentir à aucun
tribut. Le monarque n'avait plus que les subsides
envoyés par le roi d'Angleterre. Cette ressource
lui fut encore enlevée. La contagion de l'exemple
s'étant répandue sur toutes les troupes ; elles ne
soupiraient qu'après l'argent, elles demandèrent
que ces subsides fussent distribués par égales
portions. Les Suisses se voyant frustrés de leurs
espérances entrèrent en fureur, et Maximilien
n'échappa à leur brutalité qu'en feignant d'avoir
reçu un effet de quatre-vingt mille écus sur la
ville de Trente. Une fois hors de leurs mains, il
ne reparut plus. Les Allemands se débandèrent,
et la mauvaise foi des Helvétiens, qui nous avait
été si souvent funeste, sauva le Milanais.

Léon x, dégoûté de la voie des armes, eut de
nouveau recours aux traités. Il fit alliance avec
François 1er, afin de ruiner plus facilement nos
affaires en Italie. La vigilance de Lautrec, aussi
grand administrateur qu'habile capitaine, faisait
échouer tous ses desseins. Il travailla d'abord à
le rendre odieux au monarque et à provoquer sa
disgrâce; Louise de Savoie joignit ses intrigues à
celles du pontife, et le maréchal fut rappelé. Aussitôt la sédition éclata de toutes parts. Les milices
papales jointes aux bandes de Maximilien vinrent
appuyer les mécontens. Le vaillant de Foix, resté
en Lombardie avec une poigné de soldats, fut

contraint de s'enfermer dans le château de Parme.
Dès que ces tristes nouvelles parvinrent en France,
on se hâta de lever des Suisses. Lautrec, choisi
pour les conduire, refuse long-temps cette commission. L'expérience lui avait appris à se défier
de ces mercenaires. Il demande qu'au lieu de
soudoyer des pâtres infidèles on organise des
troupes nationales, et qu'on fasse un appel aux
Gascons. François 1er, infatué des Helvétiens, re-
jeta ces sages conseils. Le maréchal n'eut plus
qu'à obéir, et à prendre le commandement qui
lui était confié. Mais à peine eut-il franchi les
monts, qu'il éprouva combien ses craintes étaient
fondées.

Les cantons, après nous avoir en quelque sorte
forcés d'accepter des recrues beaucoup plus fortes
que celles dont nous avions besoin, s'avisèrent
tout à coup, qu'un traité conclu avec le saint-
siége ne leur permettait pas de porter les armes
contre ses troupes. En conséquence, les auxiliaires
furent rappelés. Il ne fut pas difficile à Lautrec
de pénétrer les motifs de cette conduite. Les magistrats voulaient décharger leurs montagnes d'une
surabondance de population, et la verser sur
l'Italie. La gravité des circonstances ne permit
pas au général d'hésiter, il offrit de recevoir à sa
solde tous ceux des Suisses qui voudraient servir.
Les scrupules s'évanouirent alors, et les mercenaires restèrent sous ses drapeaux sans craindre de compromettre leur conscience. La gar-

nison de Parme était réduite aux abois. Enfer-
mée dans une place sans défense, et dénuée de
toutes espèces de provisions, elle allait tomber
au pouvoir de l'ennemi. Le maréchal jette un
pont sur le Pô, pour marcher à son secours, et
livrer bataille à l'armée impériale. Les Suisses
laissent tranquillement faire toutes ces dispositions. Quand elles sont achevées, les anxiétés recommencent, et ces hommes timorés déclarent
enfin, que, ne s'étant engagés qu'à défendre Milan
et ses dépendances, ils ne peuvent nous suivre à
Parme, ni combattre les milices papales.

Lautrec s'imagina d'abord que c'était une ruse
pour lui extorquer de l'argent, et obtenir double
solde ; il l'offrit, mais les promesses et les représentations furent vaines ; il ne put vaincre une
résolution aussi étrange. Indigné d'une aussi lâche
défection, il ne prend conseil que de son courage ; il se met à la tête de quelques troupes nationales et s'avance vers la place assiégée. La
promptitude de sa marche ne permit pas aux
alliés d'apprendre le retour de l'accès conscien-
ceux des mercenaires. Ils se retirent à l'approche
du maréchal et passent la Lenza en désordre. Les
historiens, qui ne tiennent pas compte des obstacles suscités à Lautrec par les mutineries des
Suisses, n'ont pas manqué de l'accuser d'avoir
laissé échapper l'armée impériale sans la tailler
en pièces. Si les soldats des cantons eussent fait
leur devoir, il n'est pas douteux qu'elle n'eût été

.détruite; mais que pouvait un général avec des hommes qui violaient à chaque instant la foi militaire, avec des hommes dont l'obéissance et la fidélité étaient toujours suspectes, et dont les révoltes continuelles, soit, qu'elles fussent le résultat des séductions de l'ennemi ou d'une disposition endémique, paralysaient les mouvemens les mieux conçus. Tous les revers essuyés par cet illustre capitaine, envié à la France par Charles-Quint, ont été causés par la perfidie ou l'insubordination de ces étrangers. Loin d'avoir encouru quelque blâme, il faut admirer l'audace avec laquelle il déroba sa faiblesse dans une occasion si décisive. Les généraux alliés, apprenant enfin que les Suisses avaient eu les scrupules accoutumés, revinrent sur leurs pas, honteux d'avoir fui devant une poignée d'hommes; mais les dispositions prises par le maréchal, étaient si bien entendues, qu'ils n'osèrent courir les risques de franchir la rivière. Ce mauvais succès fut très-sensible au pape. Charmé cependant de la conduite de ces bons Helvétiens qui n'avaient pas voulu concourir à l'empêcher de prendre Parme, il se mit à les pratiquer. Le cardinal de Médicis, chargé de la négociation, flattait les capitaines et les comblait de présens, en même temps qu'il excitait les soldats à exiger leur *montre*. Lautrec, abandonné à lui-même par une cour frivole, ne pouvait les satisfaire; il cherchait à les calmer par les promesses et des paroles obligeantes, «lesquelles, dit Mézerai, n'étant de mise que pour quelques jours envers des hommes qui ne croient que ce qu'ils touchent, ils s'en allèrent et prirent parti avec les ennemis. » De vingt mille qu'ils étaient, quatre mille seulement nous restèrent fidèles, et leur fidélité ne fut acquise qu'aux prix de la vaisselle du maréchal, qui leur fut distribuée. Ces transfuges ne furent pas les seules troupes fournies par les Suisses à la coalition. Au moyen de quelques sommes répandues parmi les magistrats, elle en obtint encore douze mille soldats. Les cantons, par une délicatesse helvétique, eurent soin de stipuler que ceux de leurs sujets qui passaient à la solde de puissances en guerre avec la France seule, ne combattraient pas néanmoins contre celle-ci. Avec cette réserve admirable, ils touchèrent sans trouble de conscience le prix des complaisances qu'ils avaient pour le pape. Lautrec, qui savait à quoi s'en tenir sur de tels scrupules, tenta de s'opposer à la jonction de ces recrues avec les alliés. Il s'avança vers la grande armée confédérée, et se disposait à la combattre, lorsque les Suisses lui notifièrent qu'ils ne pouvaient en venir aux mains avec les troupes papales : après quoi ils l'abandonnèrent, et reprirent la route de leurs montagnes. Il est probable que, s'il eût pu leur faire une seconde distribution de vaisselle, ils n'eussent pas eu d'alarmes de conscience, et fussent restés; mais il avait tout donné la première fois.

Cette lâche défection et les renforts qui grossissaient l'armée ennemie, empêchèrent Lautrec
de faire aucune entreprise le reste de la campagne. Trop faible pour hasarder une bataille, il
vint se retrancher derrière l'Adda, afin d'en disputer le passage. Malgré la supériorité du nombre,
les généraux alliés n'osaient l'entreprendre. Les
Suisses qui avaient violé la foi militaire, en passant
sous leurs drapeaux, sentaient renaître les scrupules. Mais Pescaire et Colonne avaient le remède
sous la main; quelques gratifications faites à ces
âmes timorées levèrent tous les obstacles. Habiles à
trouver des expédiens, ils imaginèrent eux-mêmes
un moyen qui conciliait à la fois le repos de leur
conscience et le service des princes qui les soudoyaient. Ils représentèrent à leurs chefs que, s'étant seulement engagés à suivre les troupes de
l'église, ils ne pouvaient commencer l'attaque;
mais que si on les mettait au second rang, ils n'avaient aucun motif de refuser de prendre part à
l'action. Colonne admira tant de délicatesse et de
sagacité. Il accepta la proposition. Le passage
eut lieu, et la Lombardie fut conquise. Lautrec,
incapable de tenir la campagne devant des forces
aussi nombreuses, jeta des garnisons dans les
places, et envoya Sainte-Foix solliciter des secours en France. Celui-ci insista sur la nécessité
de s'affranchir des dangereux auxiliaires, qu'on
tirait à grands frais des montagnes de la Suisse,
et de les remplacer par des troupes nationales.

Léon x étant mort sur ces entrefaites, eut pour
successeur dans la chaire pontificale un ancien
précepteur de Charles-Quint. L'intronisation du
flamand fut le signal de la reprise des hostili-
tés. L'empereur, armé de toute la puissance de
ses vastes Etats et des foudres de Rome, recom-
mença la guerre avec une nouvelle violence. Cette
brusque attaque ne permit pas de déférer aux sages
représentations de Lautrec, on courut au marché
aux soldats. Les Suisses dont on payait les services, les scrupules, les perfidies et l'inaction, ai-
maient un métier devenu de plus en plus profi-
table, tous voulaient avoir leur part du butin. Il
fallut recourir aux magistrats, fermer les routes,
et se dérober par la fuite à l'espèce de violence
avec laquelle ils sollicitaient la grâce d'être enrô-
lés. Seize mille de ces mercenaires furent envoyés
en Italie. Le maréchal ne les vit arriver qu'avec
chagrin. Il s'était flatté qu'on emploierait une
partie de l'argent que coûtaient ces pâtres indo-
ciles, à lever des bandes gasconnes, dont la valeur n'étaient pas moins estimée. Il déplora l'a-
veuglement d'un monarque dont rien ne pouvait dessiller les yeux, et alla mettre le siége devant Milan. Des renforts arrivés de France, sous
la conduite du maréchal de Foix, s'avançaient par
la route de Gênes. Montmorency et Durefuge
furent détachés au-devant d'eux, avec trois mille
Suisses, deux mille fantassins milanais et deux
cents hommes d'armes. Pour ouvrir au maréchal

une route plus sûre et plus facile, ils attaquent Novarre. L'artillerie ayant ouvert une brèche considérable, les Suisses reçurent ordre de se disposer à l'assaut. Le danger les effraya; ils n'osèrent courir les hasards de l'entreprise, et déguisant la peur ou la mauvaise volonté, sous des propos fastueux, ils répondirent que, toujours prêts à en venir aux mains en rase campagne, ils ne se mêlaient pas de guerres de siége. Montmorency chercha en vain à exciter leur courage, il ne put rien obtenir d'eux. Ils consentirent seulement à se tenir hors de portée, comme s'ils eussent eu l'intention de soutenir les colonnes d'attaque. La gendarmerie française, indignée de cette poltronnerie, met pied à terre, et se jette sur les ouvrages. Repoussée d'abord, elle parvient enfin à les emporter. Les Suisses avaient eu la patience de rester tranquilles spectateurs du combat; mais à la vue du butin, leur ardeur martiale s'allume, ils accourent au pillage, se répandent dans les maisons, et font un massacre horrible des bourgeois et des soldats.

Aussitôt que Sainte-Foix eut fait sa jonction avec Lautrec, l'argent venu de France fut distribué aux Helvétiens. La vue de ce précieux métal les rend insatiables; ils menacent de se porter aux plus coupables excès, s'ils n'en obtiennent davantage. Le maréchal, dans l'espérance de prévenir la révolte, s'approche d'Arona, où il avait laissé sa caisse. Il n'était plus qu'à une faible distance de cette ville, lorsque les Suisses se portent à sa tente, et refusent le service, s'ils ne sont soldés sur l'heure. Ce malheureux capitaine, traversé toute sa vie par l'indocilité helvétique, représente en vain que les fonds sont à quelques lieues; que, s'ils continuent leur marche, ils seront incessamment satisfaits. Ses représentations ne produisent aucun effet. Cependant, Colonne, inquiet pour la capitale, avait suivi le mouvement des Français, et s'était établi *à la Bicoque*, vaste métairie, revêtue de fossés, et qui pouvait contenir plus de vingt mille hommes. Prosper travailla à rendre cette position encore plus formidable, il fit élever de nouveaux ouvrages et réparer ceux qui existaient déja. Des plates-formes furent construites de distance en distance, et couronnées d'artillerie. Ces travaux paraissent d'autant plus étonnans au général Jubé (1) qu'ils ne gênaient point le mouvement de nos troupes sur Festo et Arona. Il est probable cependant que Colonne ne les exécutait pas sans dessein; il est probable qu'il se proposait de mettre en usage des moyens employés plus d'une fois avec succès. C'est du moins ceque Mézerai insinue : « Les Suisses, dit-il, accoutumés à nous manquer au besoin, à rompre et à précipiter les plus belles entreprises, se mirent à demander importunément leurs montres, *pos-*

---

(1) Guerres des Français en Italie.

sible à l'instigation de quelques émissaires des ennemis.»

Lautrec s'était emparé des avenues par lesquelles les convois arrivaient au camp des alliés. Il pouvait, en quelques jours, les affamer et les détruire. Il fit sentir aux Helvétiens tous les avantages de sa position; il leur représenta que la victoire était infaillible, que la faim seule anéantirait des troupes qui s'étaient enfermées elles-mêmes avec tant d'imprudence. Ils furent insensibles à ses prières et à ses observations. Ils répétèrent avec brutalité ces trois mots : *Argent, congé ou bataille.* Il eut la faiblesse de prendre ce dernier parti, au lieu, dit Brantôme, de les «très-bien et beau laisser aller et recommander à tous les diables.» Il divisa ses forces en deux colonnes; l'une, composée de la gendarmerie française, sous la conduite de Sainte-Foix; l'autre, formée de de huit mille Suisses, commandée par Montmorency. La première devait assaillir un pont de pierre, le seul endroit par où il fût possible, à force de courage, de pénétrer dans le camp ennemi; la deuxième avait ordre de faire une attaque sur le côté diamétralement opposé. Placée dans un vallon où le feu des alliés ne pouvait l'atteindre, elle ne devait se mettre en mouvement que lorsque toutes les dispositions seraient faites, et que l'artillerie serait venue l'appuyer. Les Suisses dédaignent des mesures qu'ils regardent comme

indignes de leur courage; ils s'ébranlent, malgré
leur chef, et détruisent toute l'économie du plan
de bataille. Foudroyés par les bouches à feu des
alliés, ils prennent la fuite, après avoir fait des
pertes immenses, et se réfugient dans le vallon,
qu'ils avaient si imprudemment abandonné. Là,
ils se livrent à un abattement, non moins exces-
sif que leur témérité. Cependant, le maréchal de
Sainte-Foix avait attaqué le pont, et s'en était
rendu maître. Notre artillerie, mieux placée qu'au
commencement de la bataille, faisait taire celle
de l'ennemi, et semait la mort dans ses rangs.
Lautrec s'avance avec la réserve, et la victoire paraît décidée. Il ordonne aux soldats des cantons
de le soutenir; mais ces malheureux qui avaient
tout perdu, n'osent rien réparer. « Il y eut, dit
Mézeraï, aussi peu de moyens d'arrêter leur lâcheté qu'il y en avait eu d'arrêter leur fureur. Ils
abandonnèrent notre cavalerie, aux prises avec
toutes les forces des alliés, et se retirèrent honteusement dans leurs montagnes. »

Cette déroute et la lâche défection de ceux qui
l'avaient causée entraînèrent de nouveau la perte
de l'Italie. Nous ne conservâmes que le château de
Crémone. Les ennemis, néanmoins, n'étaient pas
encore satisfaits de nos désastres. François Iᵉʳ,
dont l'ambitieux Charles-Quint menaçait de plus
en plus l'existence, avait cherché un appui dans
l'alliance des Ottomans. La cour pontificale, fu-

rieuse des nouveaux obstacles que cette alliance
allait opposer à ses intrigues, cria à l'impiété, et
publia une croisade. La *ligue de Rome* fut conclue
et se disposa à envahir la France. Loin de ce
laisser abattre, le monarque, dont on conspirait
la perte, résolut d'aller lui-même chercher ses
ennemis et de porter la guerre au-delà des monts.
Il était sur le point de se mettre à la tête des
troupes lorsque la révolte du connétable de
Bourbon éclata. Sa présence étant devenue indispensable pour surveiller les traîtres et contenir
les factieux, il confia à Bonnivet la conduite de
cette importante expédition. Ce général ne tenta
que des opérations ineptes, et après avoir accu-
mulé fautes sur fautes, il se laissa enfermer entre
le Tésin et la Sésia. Les fatigues, les maladies
et la disette détruisirent une partie de l'armée
française et lui firent perdre toute confiance.

La délivrance de Crémone rendit quelque éner-
gie aux courages abattus. Les braves à qui la défense en avait été confiée, abandonnés depuis dix-
huit mois, et sans communication avec la France,
n'avaient voulu entendre à aucune proposition.
Jeannot d'Herbouville qui les commandait avait
péri. Presque tous ses soldats avaient eu le même
sort. Il n'en restait plus que huit qui, peut-être,
oubliés de leur patrie, s'étaient mutuellement
jurés de lui conserver cette place, et de ne pas la
rendre tant qu'un d'entre eux serait vivant. Ils fu-

rent enfin dégagés au moment où ils avaient perdu
tout espoir. Leur constance excita l'admiration
de l'armée entière. Le soldat sentit renaître l'a-
mour de la gloire et devint plus patient, plus ré-
signé au milieu des privations et de la mauvaise
fortúne. Cet exemple n'inspira aucune émulation
aux Suisses. C'était l'argent et non l'honneur qu'ils
cherchaient. Quelques écus, l'abondance avaient
plus de prix à leurs yeux que les plus beaux faits
d'armes. Ils n'avaient garde de s'exposer à souffrir la disette ou à partager les disgraces d'une
armée malheureuse. Au moment où la situation
la plus critique réclamait les services de nos
auxiliaires, les Helvétiens arrivaient en grand
nombre sur les bords de Sésia ; mais loin de vouloir nous dégager, loin de vouloir nous faciliter
la retraite, ils refusèrent obstinément de passer
la rivière et de se ranger sous les drapeaux du
souverain dont ils touchaient la solde. Le général fit auprès d'eux toutes les instances ima-
ginables, mais il ne put obtenir qu'une réponse
outrageante. Ils lui dirent qu'ils étaient venus, non
pour servir sous ses ordres, mais pour recueillir
leurs compatriotes et les emmener avec eux. Ceux-
ci ne tardèrent pas eux-mêmes à nous manquer
encore, ils s'échappèrent comme des transfuges,
et nous abandonnèrent. L'ennemi, témoin de
cette lâche conduite qui, selon toute apparence,
était le fruit de la séduction, nous assaillit avec

plus d'audace. Nous fûmes obligés de repasser la Sésia en désordre, et nous essuyâmes des pertes immenses. Le général en chef fut atteint d'un coup d'arquebuse, Bayard et Vandenesse périrent en combattant. Le comte de Saint-Pol, resté seul pour recueillir les débris de cette triste journée, rallia les fuyards, et prévint par son habileté et son courage une ruine totale à laquelle la défection des Suisses nous avait exposés. Ces misérables devaient, en terminant la campagne, se couvrir d'une nouvelle infamie. La grosse artillerie gênait la marche des colonnes qui soutenaient la retraite. Le comte voyant qu'il ne pouvait tirer aucun service des Helvétiens, eut l'imprudence de mettre sous leur escorte quinze bouches à feu. Ils les conduisirent quelques jours, mais parvenus à la hauteur d'Ivrée, ils les abandonnèrent, et l'ennemi s'en empara.

Tant d'actions déloyales ne purent dessiller les yeux de l'incorrigible monarque. Il avait tellement l'imagination fascinée de Suisses et de hallebardes, que la guerre ne s'offrait à lui qu'exploitée par eux. Il les appela de nouveau. Les mêmes hommes qui l'avaient tant de fois trahi, vinrent le trahir encore. L'indocilité, la passion des richesses qui les caractérisent avaient constamment ruiné nos affaires. A la journée de Pavie, le courage qui avait souvent compensé ces défauts, les abandonna tout-à-fait. Ils n'osent en veuir aux mains avec les lansquenets, dont ils affectaient de mépriser la bravoure, ils les évitent avec adresse et quittent le champ de bataille, tandis que les bandes noires et les gendarmes français, enflammés par l'exemple du monarque, reçoivent la mort plutôt que de prendre la fuite. Abandonné par ceux dont il espérait la victoire, le roi de France tomba au pouvoir de ses ennemis et expia par une captivité rigoureuse, le tort d'avoir préféré des mercenaires aux troupes nationales.

Nous ne suivrons pas les Suisses dans les diverses expéditions auxquelles ils prirent part sur la fin de ce règne. Leur conduite peut se traduire par ce peu de mots, ils furent lâches, mutins et perfides toutes les fois qu'ils trouvèrent quelque avantage à trahir leurs devoirs. L'existence de la monarchie avait été si souvent compromise par les infidélités des Helvétiens, que Henri II ne fut pas plutôt parvenu au trône, qu'il s'occupa de mettre un terme à ces désordres. Au lieu de couper le mal à sa racine, et d'exercer ses sujets au maniement des armes, il continua de recruter des Suisses; mais au moins, il eut la sagesse de comprendre que la réunion de ceux-ci faisait leur force et les rendait plus dangereux. Cette circonstance qui les mettait à même de donner la loi avait été stipulée dans les capitulations précédentes, et était regardée par eux comme la prérogative la plus précieuse qu'ils eussent obtenue. Néanmoins, comme tout s'achète chez ce peuple, le Roi ne désespéra pas de venir à bout de son dessein. Il offrit de l'argent : les sommes n'ayant pas paru assez fortes, il fut refusé d'abord. Les protestans témoignaient des craintes, les catholiques éprouvaient des scrupules. Il proposa d'augmenter d'un tiers la solde des troupes et les pensions cantonnales. Alors plus de difficultés, toutes les sectes religieuses brûlent de renouveler l'alliance, et passent condamnation sur les motifs qui les avaient jusque-là ébranlées. La France acquit ainsi la nomination des capitaines et autres officiers subalternes. Le droit de séparer les troupes helvétiques, de les distribuer dans des garnisons différentes, nous fut cédé : «S'entend, comme dit Mézerai, moyennant une grande somme de deniers.» Ce traité mit un terme aux désastres que les défections et les révoltes de ces stipendiés avaient tant de fois attirés sur nos armes. Au moyen de ces mesures et de l'infanterie française qui n'avait cessé de s'accroître depuis que Pierre de Navarre avait discipliné les bandes gasconnes, ils furent mieux contenus, sans néanmoins inspirer une parfaite confiance. Le duc de Guise les surveillait avec soin. Entremêlés avec les lansquenets et les troupes nationales, il se tenait en mesure de les tailler en pièces s'ils se montraient perfides. La crainte les dompta, aussi dès le commencement de ce règne jusqu'au moment où les guerres de religion s'allumèrent, ne cite-t-on parmi leurs méfaits que quelques insurrections obscures, quelques mutineries pour cause d'argent; mais aussitôt que le prince de Condé eut pris les armes, ils revinrent à leur première licence et reprirent les anciennes habitudes. Ils se louèrent indifféremment à tous les partis et les trahirent avec la même facilité dès qu'on présenta quelque amorce à leur avarice. Tandis que les uns marchaient au secours du prince qui stipendiait la nation toute entière et se joignaient à l'armée royale sous les murs de Beaugency, les autres soutenaient les rebelles dans le Lyonnais. Chargés par Soubise, l'un des chefs de la faction des princes, de la défense de Mâcon, ils ne trouvèrent pas qu'elle offrît une proie assez abondante; ils allèrent exercer leurs rapines sur tous les lieux voisins. Ils pillèrent Tournus et l'abbaye de Cluny, dont ils réduisirent la bibliothèque en cendres. Rentrés dans la place avec un butin immense, ils se plongent aussitôt dans la débauche et négligent le service. Tavanes, instruit de l'état d'ivresse habituelle où ils vivent, conçoit le dessein de les surprendre et de faire rentrer la ville sous l'obéissance du Roi. Il met quelques soldats sur des charrettes, les recouvre de paille et les fait avancer vers une des portes. En même temps, il s'approche des murailles avec le reste des troupes. Tous les assaillans se démasquent à la fois et fondent sur les Suisses. Ceux-ci tournent le dos, fuient et ne s'arrêtent qu'à Lyon. Le redoutable Tavanes les suit et les assiège. Il em-

porte les ouvrages avancés, et intimidé les Helvétiens au point qu'ils se disposent à mettre bas
les armes. La jalousie des Guises ne lui permit pas
de consommer la victoire. Ils lui donnèrent un
successeur; nos troupes indignées se dispersèrent,
et les Suisses, échappés à la honte d'être ignomi-
nieusement renvoyés dans leurs montagnes, se
livrent à de nouveaux dégâts. Le baron des Adrets
exerçait alors les plus affreux ravages dans cette
partie de nos provinces. Ses lieutenans eux-mêmes
avaient horreur de sa conduite et refusaient de
participer à ses violences. Les mercenaires, moins
scrupuleux, s'en firent les ministres. Deux mille
pâtres s'associèrent à ses barbaries et prirent part
à tous ses brigandages. Il trahit les princes qui
l'avaient disgracié pour son humeur sanguinaire;
les Suisses les trahirent avec lui.

Leur conduite était moins odieuse sur les bords
de la Seine. Ils venaient de ramener Charles ix
dans sa capitale. L'on regarda comme un prodige
que des soldats accoutumés à la perfidie se fussent une fois montrés fidèles. Un député a récem-
ment fait de cette affaire une description homé-
rique. Il nous représente l'Ajax de l'Helvétie, le
colonel Pfiffer, tordant sa moustache, et défiant
le ciel même d'arrêter sa marche. Dépouillons
cette action des couleurs poétiques dont le baron de Puymorin l'a revêtue. Le prince de Condé
s'approche de Meaux, suivi de quelques gentils-
-hommes; la reine se croit perdue : elle mande

six mille Suisses campés dans le voisinage, et assemble le conseil. Le connétable se moque de ses frayeurs et les dissipe. Le cardinal de Lorraine, qui avait besoin de troubles pour satisfaire son ambition, lui persuade que le vieux Montmorenci est d'intelligeuce avec les princes. Elle accueille ces soupçons, et délibère de nouveau. La retraite est résolue. Les troupes prennent les armes, les mercenaires sont formés en colonnes, huit cents hommes de cavalerie les appuient et les éclairent. C'est sous cette escorte que la cour se met en marche au milieu de la nuit. Les Helvétiens, que des distributions abondantes avaient mis en belle humeur, ne respirent que la guerre, et brûlent d'en venir aux mains; enfin, à l'aube du jour, ils aperçoivent une armée formidable.... composée de *quatre cents chevaux*. Ils se préparent à combattre, et baisent vaillamment la terre, signe en usage parmi eux pour marquer la résolution de vaincre ou de périr. Le prince ne voit toutes ces forfanteriés qu'avec mépris. Il s'avance au petit pas, et démande à parler au roi. Il est refusé, et se retire en caracollant autour des Suisses. Ceux-ci recommencent à pousser des cris et à baiser la terre; quelques hommes d'armes impatientés sortent des rangs, les provoquent et en tuent une vingtaine. La cour, effrayée au bruit des coups d'arquebuse, se dérobe à la protection de ces étrangers, et arrive, sous la conduite des gendarmes français, au milieu de la capitale. Charles ix, aussi vain que pusillanime, essaya de faire croire qu'il avait couru de grands dangers. Il alla le lendemain au-devant des Suisses, il les combla d'éloges et de gratifications. Les historiens, dupes de cette supercherie, n'ont pas manqué de faire des descriptions pompeuses de cette fameuse journée, quoique tous conviennent que Condé n'avait à sa disposition que quatre cents hommes, et qu'il ne soit pas prouvé qu'il eût aucun dessein sur la personne du roi.

Les frayeurs d'une femme et les intrigues d'un prêtre ayant allumé la guerre civile, Condé assembla des forces, et vint bientôt asseoir son camp dans la plaine de Saint-Denis. Le connétable, dont les troupes étaient beaucoup plus nombreuses, temporisait, afin d'éviter l'effusion du sang. Les clameurs de la multitude et les calomnies des courtisans l'obligèrent d'abandonner ce sage système, et de tenter la voie des armes. Il épie le moment favorable, et attaque le prince au dépourvu. L'armée royale comptait trois mille lances, quinze mille fantassins, dont plus de la moitié étaient Suisses. Il forme ceux-ci en colonnes, les fait soutenir par seize cents arquebusiers, un régiment de cavalerie et quatorze pièces de canons ; les autres corps se déploient sur les ailes. Pour résister à des masses aussi imposantes, Condé n'avait que douze cents hommes de pied et seize cents chevaux. Il ne laisse pas néanmoins de faire bonne contenance. Il range sa petite troupe en

bataille en avant de Saint-Denis et d'Obervilliers;
et, se mettant à la tête de ses hommes d'armes,
il fond avec impétuosité sur les Suisses. Du premier choc, il les renverse et les culbute. Ces or-
gueilleux stipendiés, qui se croyaient seuls dignes
de manier une hallebarde, cèdent la victoire à
une poignée de braves qu'ils s'étaient flattés de
détruire. Le vieux connétable, indigné d'une défaite si honteuse, rallie quelques-uns des siens, se
précipite sur l'ennemi victorieux, et tombe percé
de coups. Alors tout se dissipe, et moins de six
cents hommes ont taillé en pièces ce grand ramas
de mercenaires si fiers de leur courage.

· A la bataille de Moncontour, les Suisses se si-
gnalèrent non moins honorablement. Les protestans, vainqueurs au commencement de la journée, perdent peu à peu l'avantage, et sont enfin
totalement défaits. Montpensier enfonce les Réîtres. Ces malheureux, foulés aux pieds par la cavalerie française, implorent la clémence de nos
soldats, et en obtiennent grâce. Les Helvétiens,
qui n'avaient pris aucune part à l'action, arrivent
sur ces entrefaites; indignés qu'on éprouve quelque humanité pour les vaincus, ils se jettent sur
eux et en font un horrible carnage: « Ils les char-
pentent et les fauchent à toutes mains, » suivant
l'expression d'un historien célèbre. Quatre mille
périssent sous les coups de ces furieux; à peine
les catholiques parviennent à en arracher un petit
nombre à cette affreuse boucherie.

La conduite des Suisses dans le Midi était digne. de l'antique indocilité de leurs pères pendant les guerres d'Italie. Alais tombe au pouvoir des'rebelles, et les met en communication avec les Cévennes. Le duc d'Uzès veut secourir le château assiégé par le maréchal Damville. Au moment de se mettre en route, les Suisses se révoltent et méconnaissent son autorité : « A leur ordinaire, dit Mézerai, ils se mirent à crier à l'argent quand il fallut marcher. » Le général, arrêté par la mutinerie de ses troupes, a le chagrin de voir une place importante perdue pour son souverain. Il essaie de se dédommager sur les villes du voisinage occupées au nom des princes ; mais chaque fois qu'il tente une entreprise, les causes qui l'ont empêché de secourir Alais se renouvellent. Il perd enfin patience, et se débarrasse de soldats aussi incommodes. Le gouverneur du Dauphiné les prend, et n'en tire pas un meilleur service. Lassé également des obstacles qu'ils lui suscitent, il les renvoie honteusement chez eux.

Monsieur, excité par la turbulence de ses gentilshommes, lève l'étendard de la révolte, et se joint aux factieux. Ceux-ci, animés par la présence de l'héritier présomptif de la couronne, consentent avec joie aux subsides nécessaires pour pousser vivement la guerre. Les Suisses, informés que les particuliers et les églises s'étaient généreusement imposés, et que la caisse était remplie, offrirent aussitôt des recrues. L'am-.

bassadeur de Henri III, qui de son côté levait des troupes pour la cour, fit vainement des représentations. Les magistrats menacèrent des peines les plus graves ceux qui s'armeraient en faveur des rebelles, et laissèrent les agens des princes continuer paisiblement leurs opérations. La défense était si peu sérieuse, que les hommes les plus considérables de ces montagnes n'en tinrent aucun compte, et se rangèrent sous les drapeaux qu'il leur était interdit de suivre. « L'amour de l'argent, dit Mézerai, étant la chose qui a le plus de pouvoir sur le cœur de cette nation, les uns s'enrôlaient pour les factieux, tandis que les autres accouraient sous les bannières du roi. » Celui-ci, intimidé de l'armement formidable de son frère, tenta les voies de la négociation. Mais à peine les Suisses entendirent parler de conférences pour la paix, qu'ils se mirent en rumeur, et menacèrent de se porter aux derniers excès, si on n'exigeait avant tout que le gouvernement royal les reconnût comme levées faites pour son service. On eut la faiblesse d'y consentir. Cette condescendance ne les apaise pas néanmoins. Ils se répandent dans les campagnes, pillent, brûlent, dévastent tout. Les paysans, effrayés, cherchent un asile dans Vervins: Ces furieux les poursuivent et les assiégent. Repoussés avec perte dans un premier assaut, ils ont recours à la ruse, ils offrent la vie sauve à ceux qu'ils n'ont pu vaincre; tandis que ces hommes crédules s'ouvrent à l'espérance et négligent les précautions d'usage entre les gens de guerre, ils s'introduisent dans la place, et, sans égard pour l'âge ni le sexe, passent tout au fil de l'épée. Quelques Français qui les avaient suivis eurent horreur de tant de barbaries; et, quoique animés par les haines de religion, ils ne purent s'empêcher de frémir de ces exécutions sauvages. Trop faibles pour arrêter ces cannibales, ils ne songent qu'à favoriser l'évasion des victimes; ils appliquent des échelles au pied des murailles; et fournissent aux femmes les moyens de s'échapper.

. La rapacité helvétique gagna bientôt nos troupes. Irréprochables pendant les longues guerres de Louis xii, de François iᵉʳ, de Henri ii, elles s'accoutumèrent insensiblement aux désordres. «Alors, dit La Noue, notre infanterie perdit son pucelage, tellement que de cette conjonction illégitime avec les Suisses s'ensuivit la procréation de mademoiselle *la Picorée,* qui devint bientôt grande dame» : au point que Richelieu, qui de moine était parvenu au grade de capitaine, se vantait de pouvoir couvrir une lieue d'étendue avec le satin dont il s'était emparé au sac d'une seule place.

La France était dévastée par la guerre. Tous les vagabonds de l'Europe s'étaient jetés sur elle, comme des animaux carnassiers se précipitent sur leur proie. L'autorité royale fit tous ses efforts pour mettre un terme à tant de maux. Mais les Suisses eurent l'habileté de prolonger un état de choses qui leur était si favorable : ils se mutinèrent si souvent et si à propos, que les généraux ne purent rien entreprendre, et furent contraints de laisser échapper les plus belles occasions. Réduit à l'inaction par cette conduite systématique, le duc de Mayenne frémissait de rage. «On l'entendait souvent, disent les historiens, jeter des demi-mots coupés par des soupirs qu'on pouvait appeler les rugissemens d'un lion en colère; on voyait tomber de grosses larmes de ses yeux, qui faisaient plus de peur que de pitié.» Mais ces mercenaires furent inébranlables; ils vivaient à discrétion dans nos provinces désolées, et n'avaient pas envie de retourner sitôt dans leurs montagnes.

Henri IV, échappé aux massacres de la Saint-Barthélemy, avait pris les armes et levé 12,000 Suisses. Aussitôt que la nouvelle en fut parvenue en France, le roi chercha les moyens de lui débaucher ces troupes. D'une part, il offrit aux cantons des sommes considérables pour les rappeler; de l'autre, il s'attacha à corrompre les soldats. Il détruit les routes, ruine les villages, et fait le dégât dans tout le pays pour atteindre ce dernier but. Ne trouvant rien à piller, les Suisses murmurent, et se plaignent de ce qu'on accorde des sauve-gardes aux maisons des gentilshommes, qui deviennent ainsi le refuge des paysans et de leur fortune. Comme on tardait de les satisfaire, ils traitèrent avec la cour, et se joignirent aux bandes royales.

Après la défaite de Coutras, la ligue employa

de nouveau la séduction, pour priver le roi de
Navarre d'un grand corps de Réîtres et de Suisses
qui marchait à son secours. Ceux-là cèdent les
premiers et se mutinent : ceux-ci, fâchés d'avoir
été prévenus et d'être surpassés en perfidie, font
tous leurs efforts pour ramener leurs compa-
gnons, et y réussissent. Mais en même temps ils
envoient secrètement deux députations pour traiter avec Henri iii. Ce prince ne leur dissimule
pas le mépris que tant de déloyauté lui inspire, et
charge néanmoins le duc de Nevers de traiter avec
eux. Pour les acheter le moins cher possible,
celui-ci entremêle adroitement les promesses et
les menaces; il exagère à leurs yeux les privations comme les récompenses. Mais réfléchissant
bientôt que le duc est Italien, ils refusent tout
arrangement, et demandent un autre ministre;
le roi leur donne le duc d'Épernon. Ce dernier
arrivé, la convention fut bientôt conclue. Pour
quatre cent mille écus ils trahissent les princes
auxquels ils s'étaient liés par des sermens, et
se jouent de la simplicité des Réîtres. Le duc de
Bouillon, qui commandait ces mercenaires pour
Henri iv, ayant eu avis qu'ils allaient l'abandonner, se servit, pour les retenir, des mêmes armes qu'on avait mises en œuvre pour les débaucher. Il annonce que le roi de Navarre s'avance
chargé de lauriers et *d'argent.* Les Suisses le
croient, et violent sans scrupule les engagemens
qu'ils venaient de prendre; mais l'or n'arrivant

point, ils renouent avec les agens de l'autorité royale, et exécutent enfin les conventions qu'ils avaient faites.

Bientôt après Henri III périt assassiné, et le roi de Navarre lui succède. Les partis se raniment, et chacun d'eux cherche à gagner les Suisses. Ceux-ci pèsent avec flegme toutes les propositions qu'on leur fait, et se rangent sous les drapeaux, qui leur offrent le plus d'avantages. Le bon roi était pauvre, ils le quittèrent pour la ligue, et si quelques-uns cédèrent aux représentations de Biron et de Sancy, ce ne fut, au rapport de Mézerai, que par la crainte de perdre la montre qui leur était due. Au reste, si l'indocilité de ces pillards compromit souvent les armes du Béarnais, elle le servit dans une occasion bien importante.

Obligé de se retirer devant des forces supérieures, Henri avait établi son camp à Arques. Mayenne marche à lui, et le roi qui n'était point retranché allait être taillé en pièces. Heureusement les Suisses se révoltent, et refusent de combattre. Henri profite de ce délai pour se fortifier, et lorsqu'enfin Mayenne se présente il repousse toutes les attaques.

Enhardi par ce succès, il presse à son tour les ligueurs et les atteint dans la plaine d'Ivry. Toute l'armée brûle de vaincre et de terminer la guerre. Les Suisses seuls ne témoignent aucune ardeur. Tandis que les Français songent à la gloire, ces mercenaires pensent à l'argent. Ils déclarent qu'ils ne se battront pas s'ils n'en obtiennent. Le roi, déconcerté, ne sait quel parti prendre; Sully s'adresse à Mme Leclerc, veuve d'un tanneur extrêmement riche. « Hélas! lui dit-il, notre bon roi est bien malheureux; obligé de livrer une bataille, d'où dépend le sort de sa couronne, il sera infailliblement vaincu parce qu'il n'a pas *d'argent* et que les Suisses annoncent qu'ils *tourneront leurs armes contre lui* s'il ne les paie pas. » A ces mots, Mme Leclerc court à son armoire, en tire 200,000 fr. et les donne à Rosni. Cet obstacle levé, Henri range avec confiance ses troupes en bataille; mais à peine la charge se fait-elle entendre que les Suisses, qui composaient presque toute l'infanterie, se mutinent de nouveau et refusent de combattre; le roi accourt, et fait de vains efforts pour exciter leur courage, ces misérables sont insensibles à la honte et aux prières. « Ils se morguaient, les piques baissées, dit Sully, sans donner un seul coup, ni faire un seul mouvement. « Indignées de ce lâche abandon, les troupes nationales marchent seules à l'ennemi et remportent la victoire. Les ligueurs sont vaincus, et les Suisses, qui servaient dans leurs rangs cernés de toutes parts. Le maréchal de Biron se dispose alors à punir ces transfuges; et fait avancer quelques pièces d'artillerie pour les foudroyer, mais le roi, trop généreux, les sauve; il leur rend les drapeaux qu'ils ont déposés à ses pieds, et les renvoie dans leur patrie. Par son ordre, néanmoins, un commissaire les accompagne, chargé de « prier les magistrats de leur faire réprimande, et de veiller que d'autres ne tombassent en pareille faute. Autrement il (le roi) serait contraint de changer sa clémence en justice, et d'user du droit de la guerre. » Le commissaire avait aussi l'injonction « de faire présent de leurs enseignes à leurs supérieurs, et de leur fournir gratuitement du pain et du vin, et de plus, un écu à chaque soldat. Moyennant cette grâce, ils jurèrent de ne contrevenir jamais au serment des traités d'alliance; de retirer les compagnies qu'ils avaient à Paris et ailleurs, et de faire leur possible pour remmener aussi toutes celles qui étaient à Lyon et à Dijon, etc. »

Le procédé généreux d'Henri IV ne toucha ni le gouvernement ni les soldats des Cantons. L'un permit à la Ligue de faire de nouvelles levées pour la défense de Paris, et les autres persistèrent lâchement dans le dessein de ne pas combattre. « Ils refusèrent, dit Sully, de faire un seul pas en avant, qu'ils n'eussent été payés des sommes qui leur étaient dues, et par cette obstination, empêchèrent le roi de recueillir les fruits de sa victoire. » Henri consuma quinze jours à Mantes, ce qui donna aux vaincus le temps de se reconnaître, et remit en question une affaire jugée.

Cette occasion ne fut pas la seule où ils empêchèrent le roi de profiter de ses avantages. Le prince de Parme, venu au secours de la ligue, s'était avancé entre Rouen et Caudebec. Engagé dans une position fâcheuse, il se décide à la retraite, et passe habilement la Seine. Le roi admire une manœuvre si belle, et ne témoigne que plus d'empressement pour en poursuivre l'auteur; mais les Suisses ne veulent pas marcher, et protestent que s'ils ne touchent leur solde à l'heure même, ils ne franchiront la rivière que pour retourner chez eux ou *s'engager avéc Mayenne.* N'ayant pas de quoi les satisfaire, Henri fut contraint de s'arrêter; et cette révolte de nos auxiliaires augmenta la gloire du général étranger. Mais à quoi bon décrire sans cesse les mêmes lâchetés ! Toujours conduits par la soif de l'or, toujours animés par le même esprit d'indiscipline et de révolte, ces misérables ont constamment fait le désespoir de ceux qui les ont soudoyés. Qu'on lise les guerres de Louis xiii et de Louis xiv, la vie des maréchaux de Gassion, Laferté, l'Hospital, on y verra mille preuves de ce que j'avance. Qu'on ne croie pas que les excès qu'ils ont commis tiennent à la faiblesse des commandans : le grand Condé lui-même, dont les ordres étaient si absolus et si respectés, Condé qui savait si bien inspirer l'héroïsme, ne les trouva pas plus soumis, et vit mille fois au milieu même de la victoire sa voix méconnue par eux. Je n'en citerai que deux exemples choisis entre plusieurs autres dans la vie de ce grand homme, écrite par Louis Joseph de Bourbon son quatrième descendant.

L'armée française se dispose à envahir la Hollande, les Suisses refusent de passer le Rhin. On essaie sans succès toutes les voies de la douceur pour les ramener à l'ordre. Plus on insiste, plus ils s'emportent. Condé, impatienté, les fait envelopper par les troupes nationales. La crainte d'être taillés en pièces les rend dociles; ils se soumettent enfin; mais ils ont fait perdre un temps précieux. La même indocilité se renouvelle sur le champ de bataille de Seneff. Les alliés, deux fois vaincus, se rallient une troisième fois, et nous attendent de pied ferme: «l'ennemi, dit le prince que je cite, obligé de céder à la vigueur de l'attaque et aux talens de celui qui la dirigeait, fuit jusqu'au village de Faith; là le prince d'Orange rassemble toutes ses forces, et couvert par des jardins, des haies, des ruisseaux et des marais, il se détermine à attendre si l'audace des Français et de leur chef, ira jusqu'à l'attaquer derrière des retranchemens si redoutables. »

« M. le prince arrive en vainqueur à la vue de cette position formidable, et n'hésite point à faire ses dispositions pour l'emporter. Il en donne l'ordre et le combat recommence avec plus d'acharnement encore qu'auparavant; les ennemis se battent en désespérés; les Français font des prodiges de valeur: le sang ruisselle, les avantages se balancent; Condé lui-même, à la tête de la brigade de Caylus, après avoir enfoncé d'abord l'ennemi; éprouve des momens de revers, il les répare avec la gendarmerie que Luxembourg, opposé aux impériaux, avait envoyée à son secours. Les alliés étaient détruits, si les Suisses, que leur position mettait à portée de décider la victoire, *n'eussent pas refusé de marcher.* »

Tant que la fortune vous seconde et que vous possédez de l'or, les Suisses restent fidèles; mais si l'adversité vous atteint, si vos finances s'épuisent, ils se soulèvent et vous abandonnent. Gorgés de subsides et soudoyés pendant une longue paix, ils s'éloignent dès que le péril réclame leurs services. L'Espagne poursuit contre nous une guerre inepte; ses armées sont défaites et ses provinces envahies. Au lieu de la défendre, les Helvétiens se mutinent et forment la résolution de tourner leurs armes contre elle. Quelques officiers s'opposent à cette noire perfidie; ils sont impitoyablement massacrés, et ces indignes soldats s'unissent aux républicains victorieux. Nos généraux défont le roi de Sardaigne et dispersent ses troupes; aussitôt les Suisses se détachent d'une cause perdue; ils accourent précipitamment à Bergame et demandent à être admis dans nos rangs. Accueillis avec froideur, ils sont organisés par le colonel Laval et prennent part aux journées du 6 et du 16 germinal (an 7). Ils combattent avec mollesse, quelques-uns cependant se font blesser; mais à l'affaire de Lecco, tandis qu'une poignée de braves résiste à tous les efforts des Austro-Russes, ils plient et disparaissent. Des officiers assurent que ces auxiliaires manœuvrèrent à la saxonne. Je rapporte cette assertion sans la garantir. Dans un sujet aussi riche, on serait trop coupable de répandre des faits controuvés.

L'ingratitude n'est pas particulière au soldat helvétique. Le même vice infecte la nation. Les légitimes du continent tombent dans la disgrâce, tout le zèle qu'elle affectait pour leur service s'évanouit en un instant. Ils ne rencontrent plus chez elle que froideur et dédain. Ils n'ont plus de trésors, ils ne trouvent plus de Suisses.

Louis xvi, défendu par eux, avait fait croire aux Bourbons exilés qu'ils pouvaient compter sur leurs armes. Ils les sollicitent; mais ce peuple vénal calcule les ressources pécuniaires dont les princes disposent; il ne les juge pas suffisantes, et refuse avec mépris. La caisse de la république est mieux fournie, ils accourent à la caisse de la république. Poussés bientôt par l'avidité et la soif de la domination, ils se déchirent les uns les autres. La France les arrache à l'aveugle fureur qui les transporte; elle les réconcilie, elle les agrandit et les soudoie. Elle fait de leur pays l'entrepôt général du commerce. Une conduite si généreuse méritait quelque retour; on pouvait, suivant l'expression de Louis xii, s'attendre à un peu de reconnaissance; mais, loin de là, soldats sans gloire pendant nos longs succès, dès que la victoire nous abandonne, ils nous trahissent avec indignité. L'au-

torité trop confiante avait négligé cette partie de
nos frontières, qu'elle croyait suffisamment dé-
fendue par le voisinage d'un peuple qui ne sub-
siste que de nos libéralités. La coalition s'avance
vers le pont de Bâle, elle fait briller de l'or, elle en
offre; le passage est aussitôt livré, et la France est
envahie. De nouvelles capitulations sont conclues
avec les Suisses. Les troupes nationales sont dis-
soutes pour faire place à ces mercenaires, la garde
même du monarque leur est confiée. Le 20 mars
arrive. Quelle est leur conduite? quels services
justifient l'injuste préférence qu'ils ont obtenue?
Pourquoi sont-ils oisifs? quelle cause enchaîne
leur courage? Nos soldats, soumis à une obéissance passive, devaient faire ce qu'ils ont fait
et se soumettre aux événemens; la patrie leur
imposait l'obligation de la défendre; mais des
hommes soudoyés par le monarque ne devaient-
ils pas courir sa fortune? ne devaient-ils pas
protéger sa retraite et accompagner son exil?
Cependant, loin d'être touchés de ses malheurs,
ils ne tentent pas le moindre effort pour la cause
royale. A peine le roi est-il hors de la capitale,
qu'ils rentrent dans les casernes et attendent paisiblement ce que les circonstances vont leur pres-
crire. Conspués, honnis par les militaires dont ils
avaient usurpé les emplois, les uns restent parmi
nous, les autres se retirent. Les magistrats, éton-
nés d'une vertu si prodigieuse, admirent ceux-ci

et les félicitent. Ils leur décernent une récompense nationale, et cette récompense est un peu d'argent.

Excités par l'espoir du pillage, ces soldats pacifiques se rangent à la voix de leurs chefs sous les bannières des alliés. Ils envahissent la France qui les avait traités d'une manière si libérale, et dont le souverain les avait comblés de bienfaits. Les désordres auxquels ils s'abandonnent sont inouis. Ils se répandent autour d'Huningue, dont les cantons ont acheté la ruine, et se livrent à tous les excès. Je citerai deux traits empruntés d'un ouvrage encore inédit, que l'auteur a eu la complaisance de me communiquer. Voici en quels termes il s'exprime :

« La nouvelle des succès de la coalition par-
» vient aux divers corps stationnés sur la rive
» gauche du Rhin. Tous aussitôt franchissent le
» fleuve, tous s'élancent pour saisir et dévorer
» leur proie. En un moment nos provinces limi-
» trophes sont couvertes de leurs innombrables
» bataillons; en un moment les hameaux et les
» villages sont incendiés et détruits. Ce ne furent
» ni les Autrichiens, ni les Badois ni les Wur-
» tembergeois qui commirent alors les plus affreux
» dégâts; ce furent les troupes des cantons. Cette
» particularité doit à la fois nous indigner et nous
» surprendre. En effet, si jamais une nation a
» acquis des droits au dévouement d'une autre,
» si une alliance non interrompue pendant plu-

» sieurs siècles, si de nombreux et importans ser-
» vices rendus en des momens critiques doivent
» être des garans de la fidélité d'un peuple, la
» France a dû compter sur la Suisse. Depuis deux
» cents ans nous sommes les protecteurs de cette
» contrée, depuis deux cents ans nous l'avons
» débarrassée du luxe de sa population, et nous
» lui avons envoyé notre or en échange. Dans ces
» derniers temps, lorsqu'une aveugle fureur les
» arma les uns contre les autres, nous les empê-
» châmes de s'entre-gorger. Quel a été le prix d'une
» protection si généreuse? Quand tous les rois
» s'unirent contre nous, quand l'Europe entière
» envahit notre territoire, non-seulement la Suisse
» ne défendit pas ses bienfaiteurs, mais elle ne
» voulut pas même rester neutre; mais elle se
» joignit aux ennemis qui dévastaient la France,
» et devint elle-même notre plus cruelle ennemie.
» Les soldats de cette nation couraient la torche
» à la main de village en village, et réduisaient
» tout en cendres. La commune de Bourgfeld et
» une foule d'autres furent la proie des flammes.
» Des habitans de Bâle parcouraient les campa-
» gnes avec des charriots, et, plus inhumains
» que les gens de guerre, ils enlevaient au mal-
» heureux paysan ce que ceux-ci lui avaient
» laissé. Cet affreux brigandage, commis sous les
» yeux des magistrats et encouragé par l'impu-
» nité, révolta le général Barbenègre. Il en de-
» manda une satisfaction éclatante. Refusé avec

» hauteur, il résolut de faire expier à la ville en-
» tière l'infamie dont elle s'était couverte. La gar-
» nison indignée démandait à grands cris qu'elle
» fût bombardée sur l'heure; mais cette terrible
» exécution, faite pendant les ténèbres de la nuit,
» répugnait au général, et un reste d'humanité,
» pour une population qui venait d'en montrer
» si peu, l'engagea à différer jusqu'au lendemain.
» Dès la pointe du jour, les bombes portèrent la
» désolation dans Bâle et nous vengèrent. » Le feu
cessa après avoir duré environ une heure. Cet
acte de sévérité ne corrigea point les Suisses. Des
échecs humilians reçus à la vue des Autrichiens
les rendirent furieux; ils se portèrent à de nouveaux dégâts. «Quelques habitans d'Huningue pos-
» sédaient un moulin sur le fleuve. Situé entre les
» avant-postes des deux armées, ce bâtiment ne
» pouvait se lier à aucune opération militaire;
» aussi, dans toutes les guerres qui avaient eu
» lieu précédemment entre les Autrichiens et
» les Français, avait-il été respecté par l'un et
» l'autre parti. Les Suisses furent moins scrupu-
» leux. Ils coupèrent pendant la nuit les câbles qui
» l'amarraient, et le moulin alla se briser à quel-
» ques lieues de là, sur la rive qu'ils occupaient.
» Ils ruinèrent ainsi, sans en retirer eux-mêmes
» aucun bénéfice, plusieurs familles dont cette
» propriété composait toute la fortune.

« Indigné d'une aussi basse méchanceté, le
» général Barbanègre en demanda réparation. Les

» magistrats de Bâle, joignant l'ironie à la mau-
» vaise foi, imaginèrent de rejeter cette action sur
» nos troupes. Ils prétendirent qu'on avait en-
» tendu parler français dans le moulin au moment
» où il avait été emporté, et qu'ainsi nous étions
» nous - mêmes les auteurs du dégât dont nous
» nous plaignions. Le général ayant constaté par
» une enquête l'absurdité de cette allégation, s'a-
» dressa à l'archiduc Jean, qui commandait le
» siége. Il représenta que le moulin ayant échoué
» sur le bord occupé par les Suisses, ils devaient
» avoir le coupable en leur pouvoir, qu'en con-
» séquence il les sommait de le livrer mort ou
» vif. Cette injonction étant restée sans réponse,
» Barbanègre demanda que les propriétaires fus-
» sent indemnisés. Sa proposition fut rejetée.
» Alors un second bombardement avertit la
» ville que si ses ennemis n'étaient pas plus gé-
» néreux que ses magistrats, elle aurait bientôt
» cessé d'exister. » (1)

Les mêmes excès se sont reproduits dans tous les lieux que les soldats des cantons ont occupés; partout leurs rapines et leurs violences ont surpassé les désordres qui ont rendu si odieuses les troupes de la coalition.

----

(1) Campagnes des armées du Rhin et du Jura en 1815, suivies du siége d'Huningue et de l'insurrection de Strasbourg, dirigée par le sergent Dalouzi, plus connu sous le nom de général Garnison.

Le pays de Gex, livré aux barbares Appenzellois, ne perdra jamais le souvenir des horreurs qu'il a souffertes. Eh ! de quelles indignités pouvaient s'abstenir, dans la licence de la conquête, des hommes farouches que les principales villes du royaume, que Lyon, Metz, Strasbourg, que les rues même de la capitale, voient chaque jour se baigner dans le sang des citoyens ? De tels mercenaires, que l'histoire nous signale comme constamment dévoués au plus offrant, qui se révoltent dès que la solde tarde d'un jour, qui se mutinent au milieu des batailles, et refusent d'achever ou de poursuivre la victoire, ne doivent-ils pas être expulsés de nos rangs ? Quelle confiance méritent des soldats infidèles à tous les partis, et dont la vénalité est devenue proverbiale ? Quels égards mérite une nation assez abjecte pour outrager la main qui la nourrit ? assez audacieuse pour poinçonner les écus de 6 francs dont la libéralité du monarque la gratifie, et mettre la tête du roi de France sous la griffe de son *ours* ? (1)

Je ne terminerai pas sans féliciter les Suisses des progrès que la civilisation a faits parmi eux. Autrefois un malheureux que l'ennui portait à la désertion subissait l'affreux supplice de la scie, aujourd'hui le lâche assassin qui égorge un Français n'est condamné qu'aux fers.

---

(1) Ces écus ont été en circulation dans toute la Suisse.

TABLEAU de comparaison de la soldé des troupes françaises (infanterie) avec celle des troupes suisses.

GRADES. ÉTAT-MAJOR.	Solde annuelle de la garde. Française.	Suisse.	Solde annuelle de la ligne. Française.	Suisse.	OBSERVATIONS
Colonel.........	6250	15000	5000	6000	
Lieutenant colonel..	5375	12000	4500	5000	
Chef de bataillon et Major.......	4500	8000	3600	4000	
Adjudant major....	3000	5000	2000	2400*	*Selon leur grade.
Trésorier..........	1000	5000	1200	......	
Capit. d'habillem...	......	......	......	......	
Officier payeur, ou quart.-maît. suisse	......	......	......	......	
Porte-drapeau.....	•1875	......	1250	1800	
Aumônier.........	2700	2000	1800	1580	
Ministre suisse.....	......	2000	......	1500	
Juge suisse *......	......	5000	......	2200*	* N'existe point dans les régimens français.
Chirurgien-major...	*3000	2700	2000	2400	*Augmente suiv. les années de services, et peut s'élever jusqu'à 4050.
Aide-major......	2250	2000	1500	1800	
Compagnie 1re cl.	3600	5000	4000	2400	
Compagnie 2e cl.	*3000	......	2000	......	*Ces deux classes n'existent pas dans les régimens suisses ; après le grade de lieuten. vient immédiatement celui de capitaine.
Capitaine 3e cl.	2700	......	1800	......	
Lieutenant 1re cl.	1875	3000	1250	1800	
Lieutenant 2e cl.	1650	2500	1100	1500	
Sous lieutenant....	1500	1800	1000	1200	
Lieuten. d'artillerie.	......	......	......	2000	

SOUS-OFFICIERS, T SOLDATS. PETIT ÉTAT-MAJOR.	Solde journalière de la garde. Française	Suisse.	Solde journalière de la ligne. Française.	Suisse.	OBSERVATIONS
Adjud. sous-officier.	2 55	2 90	1 75	2 10	
Tambour major....	1 35	1 60	0 95	1 20	
Caporal tambour...	1 00	1 5	0 70	0 75	
Chef de musique...	0 75	3 0	......	......	Ce grade n'existe pas en France.
Musicien.........	0 97½	0 97½	0 70	0 80	
Maître ouvrier....	0 70	0 70	0 70	0 50	
Prévot..	......	0 85	......	0 60	
Compagnie d'élite.					
Sergent-Major....	1 42	1 62½	1 0	1 20	Ce grade n'existe pas dans les régimens français.
Serg. et cap. fourrier.	1 23	1 36½	0 87	1 0	
Caporal.........	0 90	0 95	0 65	0 70	
Gren. et voltigeur.	0 80	0 80	0 50	0 55	
Tambour........	0 90	0 90	0 60	0 65	
Comp. du centre.					
Sergent-major....	1 35	1 55	0 95	1 15	
Serg. et cap. fourrier.	1 8	1 26	0 78	0 95	
Caporal.........	0 85	0 85	0 60	0 70	
Fusilier.........	0 70	0 70	0 45	0 50	
Tambour........	8 80	0 80	0 55	0 50	
Enfant de troupes...	0 27	0 27	0 17	0 25	Plus toute la compagnie d'artillerie, qui n'existe pas.

PRÉCIS DES CAPITULATIONS

Conclues avec les Suisses (1).

Les stipulations qui fixent principalement l'attention, en ce qu'elles touchent plus particulièrement à l'intérêt national, soit sous le rapport financier, soit sous celui des droits de patrie, sont :

Sous le rapport financier.

L'énorme différence d'appointement et de solde à l'avantage des Suisses, depuis le colonel jusqu'au soldat, en outre des accessoires, pour lesquels ils sont assimilés aux troupes françaises.

Un colonel de la garde suisse a rang de maréchal-de-camp, et un traitement égal à celui d'un lieutenant-général *en activité*.

Il prend la retraite de lieutenant-général.

Il en est de même de tous les autres grades: forts appointemens, rang d'un grade supérieur, retraite d'un grade supérieur au rang; cette disposition s'étend jusqu'au soldat, qui a rang de caporal.

Les trois plus anciens capitaines des régimens de la garde suisse, reçoivent un supplément de paie de 400 fr. par an.

Pour la ligne, le rang supérieur n'existe pas

____

(1) Extrait de la *Bibliothèque historique.*

comme dans la garde, mais la paie est plus forte que pour l'armée française.

Les trois plus anciens capitaines reçoivent le même supplément de solde.

D'où il suit que jamais l'armée nationale ne pourra obtenir un traitement égal à celui de ces étrangers.

La prime d'engagement, pour les régimens français, était, depuis 1815, de 50 francs par homme, *pour six ans ;*

On vient d'établir pour l'armée française un mode de recrutement forcé et gratuit.

On fait pour les Suisses des masses de recrutement à raison de :

200 francs par homme, pour premier engagement de 4 ans ;

200 francs pour rengagement de 2 ans ;

Ce qui fait 400 francs par chaque soldat suisse, pour six années du même service que des nationaux s'engageaient précédemment à faire pour 50 fr., et que tous les Français seront désormais appelés à remplir gratuitement par leurs devoirs de citoyen.

Si donc on veut rapprocher la dépense d'un régiment suisse de celle d'un régiment français, on verra *qu'avant sa formation*, un régiment suisse, à l'effectif de 2,000 hommes (complet de chaque régiment), coûte déjà 800,000 f. de plus qu'un régiment français.

Les frais de route des recrues, qui sont à la

charge de la France, ne sont pas compris dans cette somme.

Les frais de retour sont également à la charge de la France, et n'y sont pas non plus compris.

Sous le rapport des droits de patrie.

On enlève aux Français un certain nombre de places à l'école Polytechnique et aux écoles d'application, pour les affecter aux enfans des Suisses.

A tous ces avantages particuliers, les Suisses réunissent celui de partager avec les Français les chances d'avancement, et ont droit à toutes les places et dignités, *tant civiles que militaires.*

Des étrangers peuvent entrer pour un quart dans la formation des cadres d'un régiment suisse.

Ainsi les déserteurs de toutes les nations, le rebut de l'Illyrie, de la Dalmatie et de la Croatie, peuvent trouver chez nous des moyens d'existence et une profession honorable, tandis que la France compte des milliers de ses enfans qui languissent dans le besoin, et dont les haillons laissent voir souvent un corps couvert de nobles cicatrices.

On avait pensé que c'était déjà trop peut-être parmi nous de la légion étrangère de Hohenlohe.

PRIVILÉGES ET EXEMPTIONS.

Chaque régiment suisse a une section d'artillerie qui n'existe pas dans les régimens français.

Les Suisses ont leur juge, et par conséquent ne se trouvent point soumis à la juridiction française, même en cas de crime.

Les Suisses ne pourront être employés hors du continent européen.

Ils ne pourront être employés comme garnison sur les vaisseaux.

On évitera, autant que possible, de les faire combattre contre les puissances qui ont des Suisses à leur solde.

On est tenu, si la Suisse est menacée, de les renvoyer dans leur pays, à la première réquisition des cantons capitulans.

De telle sorte qu'on pourrait rigoureusement conclure que les Suisses seront, pendant vingt-cinq ans, des étrangers privilégiés en France, qui loin d'offrir aucun des avantages des troupes nationales, présenteront tous les inconvéniens et tous les dangers des gardes prétoriennes et des milices de Constantinople.

Enfin la solde de retraite est d'un sixième en sus de l'armée française.

Par l'article 3o, il est accordé aux Suisses, en cas de licenciement, un traitement de réforme.

Les Français n'ont droit à un traitement de re-

traite, qu'après 3o ans de service, et à un traitement de réforme que par suite de blessures ou
d'infirmités contractées à la guerre.

Si le roi venait à améliorer le sort du soldat et
de l'officier français, les Suisses auront droit à une
augmentation proportionnelle.

———————

Les Suisses n'aiment pas qu'on divulgue leurs
actions ; la publicité les blesse et les importune ;
ils voient avec autant de déplaisir qu'on exhume
leurs exploits, que nos gentilshommes craignent
de laisser transpirer leur origine. Ceux-ci se sont
dernièrement ligués pour empêcher les journaux
d'annoncer le *Mémoire du Parlement* (1) ; ceux-
là intriguent aujourd'hui pour se venger des écrits
qui les maltraitent. Il est probable qu'ils ne tar-
deront pas à présenter une requête contre Mézerai et les autres historiens ; en attendant, voici la
plainte qu'ils ont adressée au maréchal de service
pour obtenir une *satisfaction éclatante* des écrivains qui signalent leurs excès :

« M. LE MARÉCHAL ,

» Dimanche 14 du présent mois, un meurtre fut commis
dans l'ivresse sur la personne du nommé *Coquelet*, par

———————

(1) *Mémoire du Parlement de Paris,* touchant l'origine des Ducs et Pairs, etc. Chez CORRÉARD, au *Naufragé
de la Méduse.*

un voltigeur du régiment que j'ai l'honneur de comman-
der. Lundi 15, cet homme fut envoyé par l'état-major de
la place à la justice du régiment. Mardi 16, je me suis
transporté, à la descente de ma garde, chez la veuve du
défunt avec M. le lieutenant-colonel chef de bataillon
Gaechter ; je lui témoignai tous les regrets du régiment,
et lui remis, de la part des officiers mille francs, comme
dédommagement préliminaire du malheur qui lui était
arrivé. Mercredi 24, une députation de sous-officiers et
soldats du régiment s'est rendue chez cette veuve infor-
tunée avec la permission de leur colonel, pour lui remettre
de la part de tous les sous-officiers et soldats un jour de
solde.

» Votre Excellence sait que j'ai fait toutes les diligences
pour accélérer les enquêtes et la procédure relatives à ce
délit ; elle connaît les raisons qui en ont arrêté le cours,
et qui reposent uniquement sur le refus du procureur du
Roi d'assigner les témoins pardevant le grand-juge du régiment, afin de pouvoir constater le délit.

» Hier j'ai eu connaissance d'un article du *Nouvel
Homme gris,* plus, d'un article de la *Bibliothèque historique,* dont les teneurs suivent :

NOUVEL HOMME GRIS, 2ᵉ volume.

» *Page* 428 : Peuple libre et fier, etc., etc.
» *Page* 432 : Un horrible assassinat ; etc., etc.
» *Page* 439 : Le régiment suisse, etc., etc. »

BIBLIOTHÈQUE HISTORIQUE, 5ᵉ volume.

Page 153 : Le 14 de ce mois, etc., etc.

» Vous sentirez très-bien, M. le Maréchal, qu'un colonel d'un régiment suisse capitulé, que tous les officiers
de ce même régiment ne sauraient rester ni indifférens,
ni inactifs, lorsqu'à propos d'un *délit* commis par un soldat de leur régiment, ils voient dans des écrits semi-pé-
riodiques les troupes suisses et leur nation entière insultée

de la manière la plus révoltante et la justice du régiment calomniée avec atrocité.

» Je prends donc la respectueuse liberté, au nom de tous les officiers du régiment, de vous porter notre plainte sur ces articles, et d'en demander une satisfaction *éclatante*. Notre devoir comme gens d'honneur, comme serviteurs de S. M. Très-Chrétienne et comme ressortissant d'une nation respectable, qui, en vertu d'un traité conclu avec le Roi, nous a placés sous les drapeaux des Bourbons, exige cette démarche de nous, et nous devons y joindre la supplication que V. Exc veuille la soumettre à Sa Majesté, qui, dans sa sagesse, daignera nous accorder, ainsi qu'à nos gouvernemens, la satisfaction que nous réclamons.

» Paris, le 26 mars 1819. *Signé* le comte de COURTEN; *et plus bas* les signatures des officiers du régiment. »

« Quel est ce langage ? demandent avec raison les auteurs du *Libéral*. Qu'entendent messieurs les Suisses par une réparation éclatante ? Ignorent-ils que c'est aux tribunaux seuls, et par les voies légales, que l'on peut demander une réparation ? Voudraient-ils traiter militairement les écrivains français ? Qu'est-ce d'ailleurs qu'un corps armé qui délibère et qui parle non-seulement en son nom, mais aussi au nom de son gouvernement ? Mais un peu de patience, messieurs les Suisses, et en vertu des nouvelles lois sur les publications, votre ambassadeur pourra le plus légitimement du monde, faire le procès à tout Français qui s'avisera de se montrer trop Français. Battus par vos soldats, bientôt, grâce à nos juges, nous paierons encore l'amende. »

Le lieutenant-général comte de BOURMONT, etc.

à M. le comte DE COURTEN, etc.

Paris, le 5 avril 1819

« M. LE COMTE,

» J'ai l'honneur de vous informer que le ministre de la guerre vient de mander à M. le major-général de service, en date du 2 avril, qu'il a transmis à S. Exc. M. le garde-des-sceaux la plainte que vous lui avez adressée, à l'effet d'obtenir réparation des invectives insérées dans divers pamphlets contre les régimens suisses. Son Exc. demande qu'il soit donné aux agens du ministère public la direction qui sera jugée la plus convenable.

» J'ai l'honneur d'être, etc. ,

» *Signé* le comte DE BOURMONT. »

« M. LE MARÉCHAL,

» J'ai eu l'honneur d'informer M. le maréchal duc de Bellune, par ma lettre du 2 de ce mois, de la communication que j'ai donnée à S. Exc. M. le garde-des-sceaux ministre de la justice, formée par M. de Courten, sur les *invectives* insérées dans quelques pamphlets contre les régimens suisses capitulés. Ce ministre me fait connaître, par sa réponse du 5 de ce mois, que quoiqu'il regarde les assertions contenues dans ces pamphlets comme *dignes de l'animadversion de tous les hommes sages* (1), cependant

____

(1) Des hommes sages des treize cantons apparemment! Peut-on, en France, traiter d'invective le cri d'indignation qu'arrache à des Français le meurtre d'un de leur compatriote assassiné par un Suisse !

comme elles ne peuvent donner lieu qu'à une action en police correctionnelle, il ne croit pas pouvoir charger le ministère public de diriger d'office des poursuites contre les auteurs de ces publications. Il ajoute qu'en pareille matière, c'est aux personnes qui se trouvent lésées à porter plainte à la justice, sauf à se constituer *parties civiles,* si elles le jugent convenable, et que c'est même le seul moyen d'assurer à toutes les parties le libre exercice de leurs droits.

» D'après cette explication, M. le colonel du 2ᵉ régiment suisse peut, si toutefois il persiste dans les mêmes intentions, adresser directement sa plainte au juge d'instruction ou au procureur du Roi.

« *Signé* le maréchal GOUVION SAINT-CYR. »

La présence des Suisses excite partout les mêmes réclamations ; partout les violences auxquelles ils se livrent soulèvent l'opinion contre eux. Les villages qui avoisinent Ruelle sont chaque jour témoins de provocations et d'insultes nouvelles. Des voies de fait ont été commises à Chatou envers des citoyens sans armes ; plusieurs ont été grièvement blessés. Les mêmes excès ont eu lieu à Metz. La lettre suivante, publiée par la *Minerve*, fait connaître la conduite de ces auxiliaires et les vœux des Français :

Metz, le 14 avril 1819.

Des scènes affligeantes viennent encore de se passer à Montigny, distant d'un quart de lieue de notre ville, entre les Suisses et les habitans de la campagne. Le sang a malheureusement coulé. Il paraît que plusieurs personnes sont

assez grièvement blessées. Aussitôt que j'aurai les procès-
verbaux, j'aurai soin de vous les transmettre. La pétition
ci-jointe, revêtue de mille soixante-quinze signatures,
vient d'être adressée à M. le général Grenier, député de
la Moselle, avec prière de la déposer sur le bureau de la
Chambre.

Metz, 12 avril 1819.

Les citoyens de Metz et de l'arrondissement, soussignés,
à MM. les membres de la Chambre des Députés.

« MESSIEURS,

» Nous devons à la noble confiance du Monarque dans la
nation, l'évacuation de notre territoire. Pourquoi, après
avoir recouvré notre indépendance, nos regards sont-ils
encore attristés en voyant les armes de la patrie confiées à
des mains étrangères ? Nos héros sont-ils tous moissonnés ?
Nos villes, nos campagnes sont-elles dépourvues de cette
ardente jeunesse dont les bras vigoureux s'armaient pour
la patrie ? Non, notre belle France est encore riche de
gloire et du courage de ses enfans ! elle compte par milliers ces vétérans accoutumés à vaincre, que suivrait au
besoin une population toute entière ; mais leurs cœurs généreux s'indignent de voir des auxiliaires usurper leur
place, et occuper le poste d'honneur : défendre le Roi et
la Patrie sera toujours l'objet de leur ambition, et ils ne
consentiront jamais à céder ce glorieux emploi à des étrangers, quelle que soit l'estime qu'ils leur portent.

» En appréciant la loyauté, le courage, la fidélité des
Suisses, nous en demandons le renvoi. Leur présence dis-
pendieuse, leur langage étranger, sont pour les Français
des motifs constans d'irritation, et nous sommes journel-
lement témoins des efforts des chefs militaires, pour
prévenir entre eux et la garnison des rixes sanglantes qui

peuvent devenir générales et compromettre ainsi notre sûreté.

» Si le pouvoir absolu a besoin du secours de l'étranger pour faire prévaloir ses intérêts, qui ne sont pas toujours ceux de la nation, il n'en est pas de même sous un gouvernement constitutionnel ; tous ces actes n'étant que l'expression de la volonté générale, l'exécution n'en peut être confiée qu'à la force nationale ; s'il en existait une autre, ce serait faire soupçonner des vues contraires à celles de la nation, et entretenir une funeste défiance entre elle et le Monarque qui la gouverne.

» Vous n'ajouterez pas, Messieurs, aux douloureux sacrifices qui nous ont été imposés, le sacrifice volontaire de l'entretien d'une armée auxiliaire. Le renvoi des Suisses, et la nouvelle organisation de la garde nationale, en laissant aux citoyens qui la composent le choix de leurs chefs, pour prix d'un service aussi gratuit que généreux, doivent compléter notre émancipation politique, et unir à jamais par la plus intime confiance le Monarque et la Nation. »

DE L'IMPRIMERIE DE DENUGON.